圖解系列

五南圖書出版公司 印行

實驗數據分析

附數據檔可於官網下載

陳耀茂 / 編著

閱讀文字

理解內容

觀看圖表

圖解讓

實驗數據分析

更簡單

序言

　　變異數分析（ANalysis Of VAriance: ANOVA）是一種統計方式用於比較不同組的平均值之間的變異。即使各個組的平均值看似不同，這也可能是由於抽樣錯誤所引起的，而不是由於自變量對因變量的影響。如果是由於抽樣錯誤，則組的平均值之間的差異是沒有意義的。變異數分析有助於確定平均值的差異是否在統計上有顯著性。

　　在數據科學中使用變異數分析的一個例子，就是電子郵件垃圾郵件檢測。由於電子郵件和電子郵件功能數量龐大，識別和拒絕所有垃圾郵件變得非常困難且占用大量的資源。變異數分析和 F 檢定（F-test）被用於識別至關重要的特性，用於正確識別哪些是垃圾郵件、哪些不是垃圾郵件。

　　本書是為「已收集數據但不知道分析方法是什麼？」的人而寫的。

　　當然，對於「想詳細了解變異數分析」方法的人，也是可以充分因應他們的要求。

　　本書的特徵是「容易了解」、「方便閱讀」。

　　本書不需要正襟危坐的在書桌上閱讀，即使搭乘捷運、公車也可閱讀。

　　我們想要知道的事情是：

　　「幾個處理之間有差異嗎？」

　　「差異有多少呢？」

　　以及，如處理之間有明顯差異時，

　　「哪一個處理是最好的呢？」

　　這些手法稱為變異數分析與多重比較。

　　變異數分析與多重比較是統計分析的中心話題，其中，Bonferroni 校正是一種多重比較校正，當多個相關或獨立的統計檢定同時執行時使用（因為雖然給定的 alpha 值可能適用於每個單獨的比較，但它不適用於所有比較的集合）。為避免大量假陽性，需要降低 alpha 值以考慮執行的比較次數，此校正因而受到矚目。

　　為了學習此手法，書中搭配「有趣的數據」。所謂有趣的數據是指對學習而言感到有興趣的數據。

　　閱讀統計的書籍最重要的事情是要抓住數據分析的重點、正確地使用統計方法，避免數據分析中的統計陷阱，如樣本有偏、樣本無代表性、樣本不充分等，錯誤的統計解讀會對知識的追求帶來負面的影響。

　　數據分析的重點是：

1. 你想在這些數據中獲得什麼？
2. 哪些數據是可以利用的？
3. 它的實際意義是什麼？

本書的另一個特徵是公式與例子，只要使用 EXCEL 就能簡單計算。

　　此外，本書的企劃是以圖解式、步驟式進行解說，讓讀者可以配合步驟以利實際應用。

　　最後，倉促成書，書中若有誤植之處，還盼賢達賜正，日後再行補正。

陳耀茂 謹誌於
東海大學企管系

CONTENTS 目錄

第1章
數據與變異數分析

本章內容

1.1 在蒐集數據之前

「實驗的結果，雖然得到此種的數據，但是……」經常有此種的詢問。接著，在打聽詢問的內容時，卻重複如此之回答：

「無論如何，實驗之後再說……」

總之，就是「實驗進行之後，要如何分析才好，找不到適當的分析方法」。實驗結束之後，再尋找最適合該數據的分析方法，那麼煞費苦心的努力也許會歸於泡影。

還是一開始就要有「想分析什麼」的問題意識，因之在充分調查「已開發有哪種的分析方法」之後，就必須蒐集符合該分析方法的數據。

實際上工作是很繁忙的，從中找出研究時間相當困難。因此，也許就會有不妨先進行實驗再說，但是……

Tea Break

實驗數據的處理與分析便是想運用統計的方法，讓我們從多次的測量數據中，估算出最接近真值的數據，也就是我們所想要的測量結果。藉由誤差的分析，讓我們了解我們所做的估算，可信度有多高！並探討實驗誤差的可能來源。誤差一般而言，可以分為系統誤差（systematic error）與隨機誤差（random error）。通常「系統誤差」會使得所有測量值都有過高或過低的偏差，偏差量大致相同，不含機率分布的因素；而不易控制（有時候無法控制）的小變因，會使測量值產生隨機分布的誤差，也就是說有些測量值會過高，有些則會稍低。

Note

1.2 實驗計畫法與變異數分析

對統計解析的印象不就是利用電算機或電腦計算所蒐集來的數據求出平均與變異數的情景嗎？可是，數據不是自然聚集而來，而是在種種的準備與實驗、觀測之後所得到的。

因此，在何種計畫之下進行實驗好呢？計畫的訂定方法是重點所在，為了獲得良好的分析結果，必須訂定良好的計畫，從此事來看費雪（Fisher）提出如下實驗的 3 個原則：

1. 重複（replication）
2. 隨機（randomization）
3. 局部管制（local control）

簡單的說，為了獲得最佳的實驗數據，所使用的手法即為實驗計畫法。更廣義地將「實驗計畫有關的方法」與「基於該計畫所得到的數據之解析方法」合併稱為實驗計畫法。

基於該計畫分析所得到的數據，進行估計與檢定即為變異數分析，因此，廣義上，變異數分析可以想成是包含在實驗計畫法中。

 Tea Break

大家都知道英國人喝茶時，有把牛奶加入茶中的習慣。但是大家可能不知道奶茶和統計之間的關係，有一位紳士為此進行實驗，結論就是下午茶的調製順序對風味有很大的影響。這個故事就是統計歷史中有名的「女士品茶」的故事。進行實驗的這位紳士就是 20 世紀最偉大的統計大師羅納‧愛默‧費雪（Ronald Aylmer Fisher），後來他寫了統計學偉大的巨作《試驗設計》。像這樣，從一開始的假說，到設計實驗，分析實驗結果，最後下結論，這整個過程正是統計分析的精髓。

知識補充站

　　某個風和日麗的夏天下午，一群人優閒地享受下午茶時光。就如同往常一樣準備沖泡奶茶時，有位女士說：「沖泡的順序對於奶茶的風味影響很大，把茶加進牛奶裡和把牛奶加進茶裡，這兩種沖泡方式所泡出的奶茶口味截然不同。」當時大家聽了都覺得不可思議，這兩種沖泡方式最後當然都是泡出奶茶，怎麼可能有風味的差異呢？突然有位紳士靠過來說：「我們做試驗來檢定這個假說吧。」於是一群人就熱心幫忙準備試驗，試驗中準備了許多杯奶茶，有些是先放茶再加牛奶，有些先放牛奶再加茶，並把這些奶茶隨機排序讓這位女士品茗。在設計試驗時，為了避免許多不相關的因素影響這位女士的口味辨別，還需要把茶和牛奶充分混合的時間、泡茶的時間及水的溫度都控制一樣。據說試驗的結果是，這位女士真的能分辨出每一杯茶，且完全答對，結論就是，下午茶的調製順序對風味有很大的影響。

　　這個故事到這就告一段落了，而那位紳士就是 20 世紀最偉大的統計大師羅納‧愛默‧費雪（Ronald Aylmer Fisher），後來他寫了統計學偉大的巨作《試驗設計》。像這樣從一開始的假說，到設計試驗，分析試驗結果，最後下結論，這整個過程正是統計分析的精髓。

　　費雪雖然很聰明但是脾氣卻很暴躁，他與發明數學統計和相關係數的皮爾生（Karl Pearson）是倫敦大學學院的同事兼不共戴天的仇人，但是命運讓他繼皮爾生之後變成統計學系主任。費雪主張用 P value（虛無假設成立時觀察到比現有數據更極端的或然率）來評估一個現有（已經觀察到的、事後的）數據的證據力（例如：P < 0.05），但是皮爾生卻主張用統計假設來評估，亦即當 P value 小於事先設定的統計顯著值時，對立假設就是成立的：想不到命運竟讓這兩個仇人的方法被放在同一個籃子裏面。費雪是一個老煙槍，他發明了隨機分派的臨床試驗，他也拒絕承認吸煙會致癌的觀察性研究結果，他認為遺傳是吸煙與肺癌的干擾因子。隨機分派吸煙的臨床試驗是不可能進行的，因此費雪「吸煙不會致癌」的觀念是科學或是偏見將變成一個歷史懸案。

1.3 統計用語迷你辭典

➤ 一般線性模式（general linear model）

全部是以一次式表現的模式。因之，數據的構造以如下表示時，

$$\begin{cases} y_1 = \theta_1 x_{11} + \theta_2 x_{12} + \cdots + \theta_p x_{1p} + \varepsilon_1 \\ \vdots \qquad\qquad \vdots \qquad\qquad \vdots \\ y_n = \theta_1 x_{n1} + \theta_2 x_{n2} + \cdots + \theta_p x_{np} + \varepsilon_n \end{cases}$$

稱為一般線性模式。從變異數分析、共變異數分析、多變量變異數分析到 BIBD 全部是以此式來表示，因之可以說是最一般化的模式。簡記成 GLM。

➤ 因子（factor）

打開實驗計畫法的書常有「所有因子即為要因」之禪式回答。可是，一旦開始實驗時就會立刻明白，所以無需擔心。

➤ 部分實施法（fractional factorial design）

想聞一知十，這是忙碌現代人的實驗計畫法，就所有的組合進行實驗是很累人的，因之，這是只取出一部分進行實驗的方法。

➤ 成對比較（method of paired comparison）

譬如，想比較麒麟啤酒、札幌啤酒、朝日啤酒 3 種啤酒時，一次對 3 瓶啤酒評定順位是非常困難的。因之，製作每 2 瓶為 1 組即 { 麒麟，札幌 }，{ 麒麟，朝日 }，{ 札幌，朝日 }，再採取由 2 選 1 的方法。這是 $k = 2$ 時的 BIBD（balanced incomplete block design）。

➤ ANOVA

這是 analysis of variance 的簡稱，亦即變異數分析。也簡記為 AOV。

➤ AOV

這是 analysis of variance 的簡稱，也是 ANOVA 的簡稱。

➤F 檢定（F-test）

當檢定統計量服從 F 分配時，將此檢定稱為 F 檢定，在進行變異數分析時經常出現。

➤回應曲線（response curve）

將以折線連結的圖形，適切地以 2 次曲線或 3 次曲線近似之。

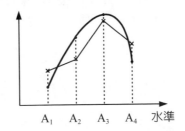

➤迴歸直線（regression line）

譬如從身高求理想體重的 1 次式 $y = 1.9x - 90$ $(y = a + bx)$。但對胖的人來說簡直是無法相信的式子。

➤迴歸分析（regression analysis）

像身高與體重的關係、投資與利益的關係等，調查 2 個變量之間被認為存在某種關係之方法。在許多的領域中經常加以利用。

➤機率分配（probability distribution）

對統計理論沒有興趣的人可以說不需要的概念，想應用統計的人，與其一般論不如只要常態分配、t 分配、χ^2 分配、F 分配就很足夠不是嗎？

➤完全隨機（completely randomized design）

為了不要有偏差的分析而有的方法。實際上實驗場所、時間、順序等的問題相互交織，因此隨機化相當困難。

➤ 完全集區設計（complete block design）

想對所有的組合進行實驗，此種是有太多時間與金錢的人所安排的實驗計畫法。如非如此的人，則可採行不完全集區設計。

➤ 穩健性（robustness）

即使有少許未滿足前提條件，對分析結果也不太會造成影響時，即有所謂的穩健性。因之，對擔心母體是否近似常態母體有此傾向時是最合適的概念。但不是說做什麼都沒有關係。F 檢定可以說有穩健性。

➤ χ^2 檢定（χ^2-test）

當檢定統計量服從 χ^2 分配時，此檢定大多稱為 χ^2 檢定。

➤ 共變異數（covariance）

表示 2 個變量間之關係，與相關係數幾乎是相同的概念。多變量分析法如未使用共變異數的用語，甚至連最初的一頁也無法撰寫。

➤ 隨機誤差（random error）

偶然發出的誤差，與系統誤差成對使用。

➤ 傾向性（trend）

換言之，如有美麗的女性與不美麗的女性時，男性則有傾向自然與美麗的一方，稱此為具有傾向性。並非雙邊檢定 $\mu_1 \neq \mu_2$，像單邊檢定那樣要建立 $\mu_1 \leq \mu_2$ 的假設。

➤ 系統誤差（systematic error）

如表現成「有系統地出現的失誤」時，不知不覺即有已了解的感覺。

➤ 檢定力（power of test）

評價 2 個檢定方法之中，何者較優時甚有幫助。檢定時，「某一邊成立時，另一邊即不成立」形成如此的關係。在第 1 失誤 α 與第 2 失誤 β 之中，以 $1 - \beta$ 定義檢定力。

➢ 交互作用（**interaction**）

因子之間，當相互協力合作或相互牽制時，稱爲 2 因子之間有交互作用。當然，沒有交互作用時，母平均的估計或多重比較就比較簡單。

➢ 交絡（**confound**）

譬如在直交表上配置因子 A, B, C, D 時，交互作用 B×C×D 有時就會與因子 A 一致。此時，以有交絡來表現。所愛的人事實上是愛情騙子，或「那個人原來是！？」等世間常常具有二面性，所以要注意。

➢ 混合模型（**mixed model**）

在變異數分析的數學模式 $\mu + \alpha_i + \beta_j + (\alpha\beta)_{ij} + \varepsilon_{ijk}$ 中，未知數 α_i, β_j 是常數時稱爲母數模式，機率變數時稱爲變量模型，如混合時，稱爲混合模型。

➢ **SAS**

有名的統計分析套裝程式之一。

➢ **SPSS**

這也是有名的統計分析套裝軟體。

➢ 質因子（**qualitative factor**）

在變異數分析中像藥劑的量 100g, 600g, 1200g 之類的因子稱爲量因子，洋芋的品種 A, B, C 之因子稱爲質因子。

➢ 主效果（**main effect**）

變異數分析的數學模式當作 $\mu + \alpha_i + \varepsilon_{ij}$ 時，α_i 稱爲水準 A_i 的主效果。換言之，總平均 μ 與水準 A_i 的平均 $\mu + \alpha_i$ 之差，稱爲效果。

➢ 雪費的方法（**Scheffe's method**）

在多重比較中經常所使用的線性對比之檢定，不管是哪種 1 次式關係

$$c_1 x_1 + c_2 x_2 + \cdots\cdots + c_a x_a = 0?$$

也都能檢定，非常方便。

➢ 等級和檢定（rank sum test）

這是檢定 2 群 G_1, G_2 之差的無母數檢定中的一種。將 2 個群合而爲一加上順位，只合計數據少的群的順位者稱爲順位和（等級和）。

➢ 自由度（degree of freedom）

在 t 分配、χ^2 分配、F 分配中必須要有的概念，想成可以自由移動之變數個數也行，因此，變數間如有一個關係式時自由度就減少一個。

➢ 處理（treatment）

像藥劑量 100g，600g，1200g 等，因子的條件在實驗計量法中稱爲處理，在變異數分析中稱爲水準（level）。在 2 因子實驗中，因子 A 的水準 A_i 與因子 B 的水準 B_j 的組合 (A_i, B_j) 稱爲處理。

➢ 控制因子（control factor）

像最適的溫度、最適的時間、最適的種類等，想求最適水準時，將該因子稱爲控制因子。因之，想進行變異數分析時，該因子一般也理應成爲控制因子。

➢ 數學模式（mathematical model）

統計分析是從假定數據在母體之中形成哪種的動向開始的。換言之，想成數據是依從某種模式在變動，所以將該模式稱爲數學模式。由於與數據的構造有關，因之也稱爲構造模型。

➢ 典型相關分析（canonical correlation analysis）

像複迴歸分析、主成分分析、判別分析等，也可說是將所有的分析包含在內的手法。

➢ 說明變量（explanatory variate）

在迴歸直線 $y = a + bx$ 中，x 稱爲說明變量，y 稱爲目的變量。

➤ 線性（linearity）函數

$f(x)$ 滿足
1. $f(x + y) = f(x) + f(y)$
2. $f(kx) = kf(x)$
時，$f(x)$ 稱為線性。

➤ 線性對比（linear contrast）

檢定在水準 $A_1, A_2, \cdots, A_a$ 之間線性組合 $c_1x_1 + c_2x_2 + \cdots + c_ax_a$ 是否成為 0。譬如，想比較 $\{x_1, x_2, x_3\}$ 與 $\{x_4, x_5\}$ 時，即進行 $\dfrac{x_1 + x_2 + x_3}{3} - \dfrac{x_4 + x_5}{2} = 0$ 的檢定。雪費的方法甚為有名。

➤ 相關係數（correlation coefficient）

相關係數的定義即使乍見複雜不甚明白，但說到相關係數是 1.7，不知不覺就了解其意義，譬如，夫婦的關係從 -1 到 1 以實數 r 表示時，新婚是 $r = 1$，第 10 年是 $r = 1.3$，第 20 年是 $r = -1$，30 年以上是 $r = 0$。

➤ 多重比較（multiple comparison）

同時檢定水準 $A_1, A_2, \cdots A_a$ 的所有組合之差 $A_i - A_j$ 的方法。杜基（Tukey）方法、雪費的方法等甚為有名。

➤ 直交多項式（orthogonal polynomial）

將某種多項式的組稱為直交多項式。譬如，$\phi_0(x) = 1$，$\phi_1(x) = x$，$\phi_2(x) = x^2 - 2$ 即為直交多項式的一種。水準之值是等間隔時，如利用直交多項式，即可推測各水準的平均值。

➤ 直交拉丁方格（orthogonal Latin square）

將 2 個直交的拉丁方格加以組合者，也稱為格列哥·拉丁方格（Graeco-Latin square）。

➤ t 檢定（t-test）

當檢定統計量服從 t 分配時，此檢定稱為 t 檢定。在母平均的估計，檢定時經常使用。

➤ 杜基方法（Tukey's method）

這是水準之差的檢定之一種。當重複數相等時，在多重比較之中的檢定力是最高的，大多與雪費（Scheffe）的方法相比較。

➤ 統計量（statistic）

指機率變數 $X_1, X_2, \cdots\cdots, X_n$ 的函數 $f(X_1, X_2, \cdots, X_n)$，譬如 $\dfrac{X_1 + X_2 + \cdots + X_n}{n}$ 等也是統計量的一種。

➤ BIBD（balanced incomplete blocks design）

指平衡型不完全集區設計，定義甚爲複雜。有人說「BIBD 在應用面上也是很重要的，譬如⋯⋯ 」，並且有人說「BIBD 最好不要使用，實際上⋯⋯ 」。

➤ 標示因子（label factor）

調查與控制因子的交互作用是目的所在，因之此因子不求最適水準或進行水準的比較。

➤ 標準誤（standard error）

將標準差以樣本的大小 n 的平方根 $\sqrt{n}$ 除之。意指統計量的抽樣分配的標準差。迴歸分析時，預測值與實測值之差的標準差稱爲標準誤。

➤ 不完全集區設計（incomplete blocks design）

當集區中包含所有的處理時，稱爲完全集區，否則則稱爲不完全集區。

➤ 不偏（unbiased）

指不偏估計量，變異數的估計時，並非除以 n，以 $n - 1$ 除之者稱爲不偏變異數。

➤ 集區（block）

原先是指田地的劃分區域。

➤ 集區因子（block factor）

變異數分析時如誤差變動（水準內變動）甚大時，就很難出現顯著差。因此，如將實驗分成幾個集區時，變異數就會變小，因之可以進行更高精度的分析。

➤ 合併（pooling）

將幾個群整合成 1 個群稱為合併，譬如，直交表中因子的均方比誤差項的均方小時，將該因子併入誤差項再製作變異數分析表。利用此做法，增大誤差項的自由度即可提高檢定力。

➤ 分割法（split-plot design）

與其利用名小說家 A, B, C 3 人與無名小說家 D, E, F 3 人的組合舉辦 9 場的演講，不如由名小說家 A 與無名小說家 3 人，名小說家 B 與無名小說家 3 人，名小說家 C 與無名小說家 3 人舉辦 3 次的演講，覺得較容易安排。

➤ 邦費羅尼方法（Bonferroni's method）

與杜基方法、雪費方法一樣是多重比較的一種。使用邦費羅尼的不等式

$$\sum_{i=1}^{n} P_r\{A_i\} - \sum_{i<j} P_r\{A_i \cap A_j\} \le P_r\{\bigcup_{i=1}^{n} A_i\} \le \sum_{i=1}^{n} P_r\{A_i\}$$

所有的比較均可同時控制在顯著水準 α。

➤ 目的變量（criterion variate）

在迴歸直線 $y = a + bx$ 中，x 稱為說明變量，y 稱為目的變量。

➤ 利用重複測量的變異數分析（repeated measures ANOVA）

以下的數據是調查藥物的調配對心跳的影響。

患者 ＼ 水準	用藥前	1 分後	5 分後	10 分後
A 先生	67	92	87	68
B 先生	92	112	94	90
C 先生	58	71	69	62
D 先生	61	90	83	66
E 先生	72	85	72	69

　　如觀察數據的類型時，雖想進行一元配置的變異數分析，但此數據的特徵，在於按調配前→ 1 分後→ 5 分後→ 10 分後呈現對應。此種時候，即進行反覆測量的變異數分析。計算方法與重複數是 1 的二元配置的變異數分析完全相同，因此，不考慮患者之水準間的差異，只要觀察因藥物的調配造成水準間之差異。當然，假定沒有交互作用。

Note

_____

_____

_____

_____

_____

_____

_____

_____

_____

_____

_____

_____

_____

_____

_____

_____

_____

1.4　重要的機率分配：有關統計量的分配

在進行統計的檢定與估計時，會遇見 t 檢定、χ^2 檢定、F 檢定的用語，此用語是來自於稱為 t 分配、χ^2 分配、F 分配的機率分配。

因此，簡單地複習這些機率分配的定義。

➢ 常態分配：所有分配的來源

在機率分配中位居核心地位的是常態分配。

對機率變數而言，機率密度函數 $f(x)$ 以如下所表示的機率分配，稱為常態分配（normal distribution），即

$$f(x) = \frac{1}{\sigma\sqrt{2\pi}} e^{-\frac{1}{2}(\frac{x-\mu}{\sigma})^2}$$

以 $N(\mu, \sigma^2)$ 表示。μ 稱為平均，σ^2 稱為變異數。

試描畫常態分配的圖形。此圖形也稱為常態曲線。

$\mu = 0$，$\sigma^2 = 1^2$ 時，即成為如下。

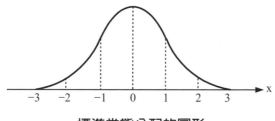

標準常態分配的圖形

此平均值 0，變異數 1^2 的常態分配 $N(0, 1^2)$，特別稱為標準常態分配（standard normal distribution）。

➢ 統計量的分配：所有的分配來自常態分配

機率變數 $X_1, X_2, \cdots, X_n$ 的函數 $T = f(X_1, X_2, \cdots, X_n)$ 稱為統計量（statistic）。以此統計量 T 的分配來說，像 χ^2 分配、t 分配、F 分配等許多的重要分配是大家所熟知的。

以下的結果是有關統計量的分配中最為重要者。

「機率變數 $X_1, X_2, \cdots, X_n$ 相互獨立，這些的分配如為 $N(\mu_1, \sigma_1^2)$, $N(\mu_2, \sigma_2^2)$, ..., $N(\mu_n, \sigma_n^2)$ 時，統計量

$$T = a_1X_1 + a_2X_2 + \cdots + a_nX_n$$

的分配即為 $N(a_1\mu_1 + a_2\mu_2 + \cdots + a_n\mu_n, a_1^2\sigma_1^2 + a_2^2\sigma_2^2 + \cdots + a_n^2\sigma_n^2)$」

特別是

「機率變數 $X_1, X_2, \cdots, X_n$ 相互獨立且具有相同的分配 $N(\mu_1, \sigma_1^2)$ 時，則統計量

$$T = \frac{X_1 + X_2 + \cdots + X_n}{n}$$

的分配，即為 $N(\mu, \frac{\sigma^2}{n})$。」

➤ χ^2 分配：變異數的分配

χ 是希臘字，讀成 chi，χ^2 中文讀成卡方。
機率變數的機率密度函數 $f(x)$ 以如下表示時，

$$f(x) = \frac{1}{2^{\frac{n}{2}}\Gamma(\frac{n}{2})} x^{\frac{n}{2}-1} e^{-\frac{x}{2}} \quad (0 < x < \infty)$$

此分配稱為自由度 n 的 χ^2 分配（chi-square distribution）。
χ^2 分配如下出現。

「機率變數 $X_1, X_2, \cdots, X_n$ 相互獨立地服從同一常態分配 $N(\mu, \sigma^2)$ 時，統計量

$$\chi^2 = \frac{(X_1 - \overline{X})^2 + (X_2 - \overline{X})^2 + \cdots\cdots + (X_n - \overline{X})^2}{\sigma^2}$$

的分配即為自由度 $n - 1$ 的 χ^2 分配。」

Tea Break

Γ(m) 是 Gamma 函數,滿足

$$\Gamma(m + 1) = m\Gamma(m)$$

對於此 Gamma 函數,以下的等號是成立的

n 如為偶數時

$$\Gamma(\frac{n}{2}) = (\frac{n-2}{2})(\frac{n-4}{2})\cdots\cdots 1$$

n 如為奇數時

$$\Gamma(\frac{n}{2}) = (\frac{n-2}{2})(\frac{n-4}{2})\cdots\cdots\frac{1}{2}\sqrt{\pi}$$

χ^2 分配有另外一個重要的性質。

「機率變數 $\chi_1^2, \chi_2^2, \cdots, \chi_n^2$ 相互獨立地服從自由度 $m_1, m_2, \cdots, m_n$ 的 χ^2 分配時,統計量

$$\chi_1^2 + \chi_2^2 + \cdots + \chi_n^2$$

的分配,即為自由度 $m_1 + m_2 + \cdots + m_n$ 的 χ^2 分配。」

試描畫自由度 n 的 χ^2 分配的圖形。

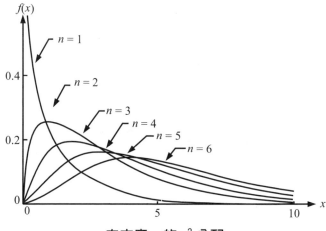

自由度 n 的 χ^2 分配

調查自由度 n 的 χ^2 分配在各 α% 點之值，取決於自由度 n，α% 點就會改變。

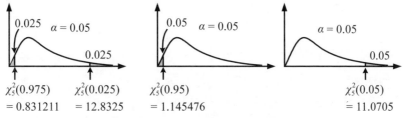

自由度 5 的 χ^2 分配的 a% 點

➤t 分配：這是區間估計的精髓

機率變數 X 的機率密度函數 $f(x)$ 如為

$$f(x) = \frac{\Gamma(\frac{n+1}{2})}{\sqrt{n\pi}\Gamma(\frac{n}{2})(1+\frac{x^2}{n})^{\frac{n+1}{2}}} \quad (-\infty < x < \infty)$$

此分配稱為自由度 n 的 t 分配（t-distribution）。
t 分配是以如下的情形出現。

「機率變數 $X_1, X_2, \cdots, X_n$ 相互獨立服從同一常態分配 $N(\mu, \sigma^2)$。此時，設為

$$s = \sqrt{\frac{(X_1 - \overline{X_1})^2 + (X_2 - \overline{X})^2 + \cdots + (X_n - \overline{X})^2}{n-1}}$$

則統計量

$$t = \frac{\overline{X} - \mu}{s/\sqrt{n}}$$

的分配即為自由度 $n-1$ 的 t 分配。」

另外，如以另一種方式表現時，

「機率變數 X 服從 $N(0,1^2)$，機率變數 Y 服從自由度 n 的 χ^2 分配時，統計量

$$\frac{X}{\sqrt{\dfrac{Y}{n}}}$$

的分配，即為自由度 n 的 t 分配。」

t 分配對母體的平均的估計、檢定發揮甚大威力。

試描畫自由度 n 的 t 分配的圖形看看。

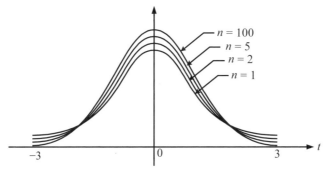

自由度 n 的 t 分配圖

試調查自由度 n 的 t 分配的各 $\alpha\%$ 點。依自由度 n 之值，即使相同之 $\alpha\%$ 點數值也有不同。

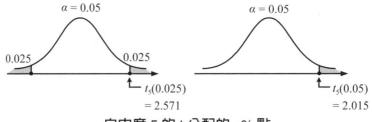

自由度 5 的 t 分配的 $\alpha\%$ 點

➤ F 分配：了解變異數之比

機率變數 X 的機率密度函數 $f(x)$ 如以下列表示時

$$f(x) = \frac{\Gamma(\frac{n_1+n_2}{2})(\frac{n_1}{n_2})^{\frac{n_1}{2}} \chi^{\frac{n_1}{2}-1}}{\Gamma(\frac{n_1}{2})\Gamma(\frac{n_2}{2})(1+\frac{n_1}{n_2}x)^{\frac{n_1+n_2}{2}}} \quad (0 < x < \infty)$$

此分配稱為自由度 (n_1, n_2) 的 F 分配（F-distribution）。

　F 分配可以如下表現。

　「機率變數 $X_1, X_2, \cdots, X_{n_1}, Y_1, Y_2, \cdots, Y_{n_2}$ 相互獨立，$X_i(i = 1, 2, \cdots, n)$ 服從常態分配 $N(\mu_1, \sigma_1^2)$，$Y_j(j = 1, \cdots, n_2)$ 服從常態分配 $N(\mu_2, \sigma_2^2)$。

　此時，如令

$$s_1^2 = \frac{(x_1 - \bar{x}^2) + (x_2 - \bar{x})^2 + \cdots + (x_{n_1} - \bar{x})^2}{n_1 - 1}$$

$$s_2^2 = \frac{(y_1 - \bar{y})^2 + (y_2 - \bar{y})^2 + \cdots + (y_{n_2} - \bar{y})^2}{n_2 - 1}$$

統計量 F

$$F = \frac{s_1^2/\sigma_1^2}{s_2^2/\sigma_2^2}$$

即成為自由度 $(n_1 - 1, n_2 - 1)$ 的 F 分配。」

　如以另外的方式表現時，

　「機率變數 X, Y 獨立，X 服從自由度 n_1 的 χ^2 分配，Y 服從自由度 n_2 的 χ^2 分配時，統計量

$$F = \frac{X/n_1}{Y/n_2}$$

即服從自由度 (n_1, n_2) 的 F 分配。」

　由此似乎可以了解，F 分配在檢定 2 個母體的變異數比時可加以利用。

　在複迴歸分析與變異數分析中以下的表經常出現。

變異數分析表

變動要因	平方和	自由度	不偏變異	F_0	
迴歸變動	S_R	p	V_R	$\dfrac{V_R}{V_E}$	$F_{(p,n-p-1)}(\alpha)$
殘差變動	S_E	$n-p-1$	V_E		

試描畫自由度 $(4, 6)$ 的 F 分配與自由度 $(10, 10)$ 的 F 分配的圖形。
$$\alpha = 0.05$$

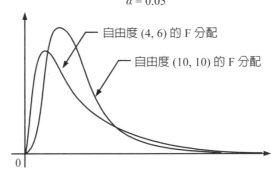

自由度 $(4,6)$ 時，α% 點即爲如下。

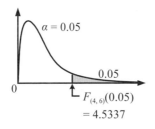
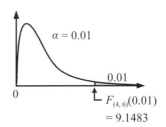

但是，以下的等式是成立的。

$$F_{(m,n)}(1-\alpha) = \frac{1}{F_{(n,m)}(\alpha)}$$

因此，由此等式也可求出 $100(1-\alpha)$% 點。

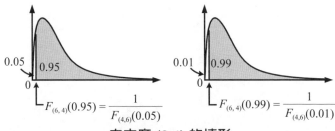

$$F_{(6, 4)}(0.95) = \frac{1}{F_{(4,6)}(0.05)}$$

$$F_{(6, 4)}(0.99) = \frac{1}{F_{(4,6)}(0.01)}$$

自由度 (6,4) 的情形

知識補充站

1. 卡方分配、F 分配、t 分配三個主要抽樣分配的共同特性為：
   (1) 三者都屬於小樣本理論
   (2) 三者皆為連續分配
   (3) 三者所來自的母體皆為常態分配
   (4) 三者的母數皆為自由度
   (5) 三者皆能在某條件下轉換成標準常態分配
2. Z 分配與 t 分配的比較
   Z 分配適用於當母體的標準差 s 已知，所以形成的分配為常態分配，不會隨著樣本數的大小不同而不同。t 分配適用於當母體的標準差 s 未知，其形狀隨自由度變動而不同，但是當 N 越大時，t 分配越接近常態，當 N 接近無限大時，t 分配與 Z 分配相同。

第 2 章
母平均的檢定與估計

本章內容

2.1 母平均之檢定與估計

例題 2-1

以下的資料是某產品 A 的重量。產品 A 的平均重量據說是 30g，但因為變更製程，所以收集資料，檢討平均重量的變化。資料是選出 16 個，測量它的重量（單位：g），由此資料，可以判斷平均是 30g 嗎？另外，一向的標準差之值是 2g，此值可以想成並未因工程的變更而有所改變。

26	33	27	32	33	24	32	29
31	30	27	31	25	34	29	30

➤ 想法

此例題的問題，並非 16 個資料的平均值是否比 30 大，而是所抽取的資料的母體的平均值是否比 30 大。所謂母體是指調查、研究對象之群體，或測量值的整體。母體的平均值稱為母平均。此處探討的 16 個數據，是稱為從母體抽取的樣本，此平均值稱為樣本平均。樣本平均使用 $\bar{x}$ 之記號，母平均使用 μ 之記號。

假定母平均是 30，由此母體所抽取之資料的平均值，應該呈現接近 30 之值。可是，不一定剛好是 30。因為，並非使用母體的所有資料，只使用 16 個資料，所以出現誤差。因此，16 個資料的平均值不是 30 時，與 30 之差是誤差的程度呢？或是遠比誤差大呢？即為問題所在。如果超過誤差的程度時，想成母平均之值不是 30。以此種想法解析資料的手法即為假設檢定。

有關 1 個母平均的檢定，母變異數 σ^2 已知與未知時，其計算方法是不同的。本例題中使用的標準差 2 並未改變，因之想成已知。

➤ 假設檢定

檢定時，首先是要建立如下的假設。

假設 0：母平均是 30
假設 1：母平均不是 30

接著，依照所得到的資料以機率的方式判斷此 2 個假設之中，何者正確的可能性較高。

假設 0 稱為虛無假設，以 H_0 之記號表示。另一方面，假設 1 稱為對立假設，以記號 H_1 表示，以統計的習慣表現假設 0 與 1 時，即為

$H_0 : \mu = 30$
$H_1 : \mu = 30$

檢定是以如下的方式進行，即：(1) 假定虛無假設正確；(2) 基於此假定，計算實際上所得到的現象其發生之機率；(3) 如該機率小時，在 (1) 這方面，假定虛無假設正確可以想成是錯誤的，因之否定虛無假設，接受對立假設。

此處，(3) 的「機率是否小」之判定，大多使用 5% 之基準。如果 5% 以下時，即可稱為小。5% 並非絕對的基準，有時使用 1% 或 5% 均沒關係。判定機率是否小的基準稱為顯著水準，以 α 表示。

➤ 有關 1 個母平均的檢定方法（母標準差 σ 已知時）

檢定的步驟如下。

■步驟 1：假設的建立

$H_0 : \mu = \mu_0$
$H_1 : \mu = \mu_0$

對立假設在於否定虛無假設，可以考慮 3 種設定：

1. $H_1 : \mu = \mu_0$
2. $H_1 : \mu > \mu_0$
3. $H_1 : \mu < \mu_0$

設定 1、2、3 哪一個假設，並非設計的問題。而是處理資料的人，想驗證什麼來決定的。

像 1 的假設稱為雙邊假設，像 2 與 3 之此種大小關係作為問題的假設稱為單邊假設。

本例題由於關心的是有無改變，因之即為 1 的假設。

■步驟 2：設定顯著水準

顯著水準 $\alpha = 0.05$

■步驟 3：計算檢定統計量

$$u = \frac{\bar{x} - \mu_0}{\dfrac{\sigma}{\sqrt{n}}}$$

■步驟 4：計算 P 值
計算要與顯著水準比較之 P 值。
P 值在標準常態分配中，是指 $|u|$ 以上之值發生之機率。

■步驟 5：判定
P 值 < 顯著水準 α →否定虛無假設
P 值 ≥ 顯著水準 α →不否定虛無假設

➤ 利用 EXCEL 計算檢定統計量與 P 值

■步驟 1：資料的輸入
從 A2 到 A17 輸入資料。

■步驟 2：準備
從 E2 到 E5 輸入數據數、母標準差之值、假設之值、顯著水準。

	A	B	C	D	E
1	數據				
2	26		數據數	n	16
3	33		母標準差	σ	2
4	27		假設之值	μ	30
5	32		顯著水準	α	0.05
6	33				
7	24				
8	32				
9	29				
10	31				
11	30				
12	27				
13	31				
14	25				
15	34				
16	29				
17	30				

【儲存格內容】
　E2;=COUNT(A:A)
　E3;2
　E4;30
　E5;0.05

■步驟3：輸入數式、統計函數
　從 E7 到 E14 輸入計算式。

	A	B	C	D	E
1	數據				
2	26		數據數	n	16
3	33		母標準差	σ	2
4	27		假設之值	μ	30
5	32		顯著水準	α	0.05
6	33				
7	24		平均值		29.5625
8	32		檢定統計量	u值	-0.875
9	29		臨界值（雙邊）	u(α)	1.96
10	31		臨界值（單邊右側）	u(2α)	1.6449
11	30		臨界值（單邊左側）	(-)u(2α)	-1.6449
12	27		雙邊機率	p值	0.381574
13	31		單邊機率（上）	p值	0.809213
14	25		單邊機率（下）	p值	0.190787
15	34		信賴係數	1-α	0.95
16	29		信賴上限		30.54248
17	30		信賴下限		28.58252

【儲存格內容】
　E7;=AVERAGE(A2:A17)
　E8;=(E7-E4)/(E3/SQRT(E2))
　E9;=NORMSINV(1-E5/2)
　E10;=NORMINV(1-E5)
　E11;=NORMINV(E5)
　E12;=(1-NORMSDIST(ABS(E8)))*2
　E13;=(1-NORMSDIST(E8)
　E14;=NORMSDIST(E8)

➤ 結果的看法

由於 P 值 = 0.3816 > 顯著水準 $\alpha = 0.05$，因之無法否定虛無假設。亦即，不能說母平均不是 30。

➤ 函數 NORM.S.DIST 用於檢定時的注意

利用此函數求 P 值時，有需要取決於對立假設而分別使用。
檢定統計量當作 u，如下計算。

$H_1 : \mu = \mu_0 \rightarrow$ P 值 = (1 − NORMSDIST(ABS(u))*2
$H_1 : \mu > \mu_0 \rightarrow$ P 值 = 1 − NORMSDIST(u)
$H_1 : \mu < \mu_0 \rightarrow$ P 值 = NORMSDIST(u)

例題 2-2

使用例題 2-1 的資料，估計工程變更後的重量的母平均。

➤ 估計的想法

檢定是探討母平均 μ 是否等於某值，或比某值大之類的問題。
譬如，在如下的檢定中，

$H_0 : \mu = 30$
$H_1 : \mu \neq 30$

如接受 H_1 時，知 μ 不能說是 30。此時，如以下步驟來說，關心的對象自然是「μ 是多少？」求此答案的方法稱為母數的估計。

對於母平均 μ 是多少的問題來說，回答「μ 推估是 35 左右」的估計方法即為點估計。

樣本平均 $\bar{x}$ 之值，是母平均 μ 的點估計，樣本變異數 s^2 之值，是母變異數 σ^2 的點估計值。

點估計是以一個估計值來估計，因之完全適配母平均或母變異數之值的可能性很低。因此，如回答「μ 被推估是在 30 至 40 之間」時，猜中母平均的可能性就變高。像這樣，以區間估計的方法稱為區間估計。

本例題是進行母平均的區間估計。區間估計的方法也與檢定一樣，母標準差已知時或未知時，計算的方法是不同的。

➤ 區間估計

使用區間估計時，該區間估計包含 μ 的機率也可以使之明確。區間估計的結論，是以如下的形式表現。

$$30 < \mu < 40 \text{（信賴指數 95\%）}$$

$30 < \mu < 40$ 稱爲母平均的 95% 信賴區間，30 稱爲信賴下限，40 稱爲信賴上限。

信賴係數 95% 是意指此區間包含母平均之機率是 95%。信賴係數依目的可以自由設定，通常設定在 95%。也經常使用 99% 或 90%。

提高信賴係數時，信賴區間的寬度會變寬，如降低信賴係數時，信賴區間的寬度即變窄。

➤ 母平均的區間設計（母標準差 σ 已知時）

母平均 μ 的 $(1 - \alpha) \times 100\%$ 信賴區間，可用如下的計算求之。

$$\bar{x} - u(\alpha)\frac{\sigma}{\sqrt{n}} < \mu < \bar{x} + u(\alpha)\frac{\sigma}{\sqrt{n}}$$

此處，$\mu(\alpha)$ 是指標準常態分配中 $100 \times \alpha$ 百分點。

➤ 計算信賴下限與信賴上限

追加在先前的檢定試算表中。E15 輸入信賴係數，E16 到 E17 輸入計算式。

	A	B	C	D	E
1	數據				
2	26		數據數	n	16
3	33		母標準差	σ	2
4	27		假設之值	μ	30
5	32		顯著水準	α	0.05
6	33				
7	24		平均值		29.5625
8	32		檢定統計量	u值	-0.875
9	29		臨界值（雙邊）	$u(\alpha)$	1.96
10	31		臨界值（單邊右側）	$u(2\alpha)$	1.6449
11	30		臨界值（單邊左側）	$(-)u(2\alpha)$	-1.6449
12	27		雙邊機率	p值	0.381574
13	31		單邊機率（上）	p值	0.809213
14	25		單邊機率（下）	p值	0.190787
15	34		信賴係數	$1-\alpha$	0.95
16	29		信賴上限		30.54248
17	30		信賴下限		28.58252

【儲存格內容】

E15;0.95

E16;=E7+ABS(NORMSINV((1-E15)/2))*E3/SQRT(E2)

E17;=E7-ABS(NORMSINV((1-E15)/2))*E3/SQRT(E2)

■結果的看法

母平均 μ 的 95% 信賴區間是

$$28.5825 < \mu < 30.5425$$

（信賴上限 $\mu_U = 30.5425$，信賴下限 $\mu_L = 28.5825$）

例題 2-3

某鐵製品的強度，已知母平均是 12（kg/m²），母標準差是 1（kg/m²）。最近，為了提高此產品的強度，變更了製造方法。因此，為了調查強度的母平均是否比變更前提高了呢？收集了資料。母平均能否說已變大了呢？另外，製造方法的變更，標準差也有可能改變。

數據

11	12	15	14	17	20	18	14
18	11	17	14	16	13	15	19

➢想法

本例題也與例題 2-1 一樣應用「1 個母平均的檢定」。但是，母標準差未知是與例題 2-1 不同的。母平均未知時，此時並非已知時所使用的常態分配，而是使用 t 分配的性質進行檢定。

另外，本例題由於關心的是母平均能否說變大，因之進行單邊假設的檢定。

➤ 1 個母平均的檢定（母標準差 σ 未知時）

■步驟 1：假設的建立

$$H_0 : \mu = \mu_0$$
$$H_1 : \mu > \mu_0$$

μ_0 是已知值，本例題是 $\mu_0 = 12$。

對立假設可以考慮以下 3 種：$(1)H_1 : \mu = \mu_0$；$(2)H_1 : \mu > \mu_0$；$(3)H_1 : \mu < \mu_0$。本例題是 (2) 的假設。

■步驟 2：顯著水準的設定

顯著水準 $\alpha = 0.05$

■步驟 3：自由度 ϕ 的計算

自由度 ϕ = 數據數 − 1

■步驟 4：計算檢定統計量

$$t = \frac{\bar{x} - \mu_0}{\frac{s}{\sqrt{n}}}$$

■步驟 5：P 值的計算

計算出要與顯著水準比較之 P 值。P 值在自由度 ϕ 的 t 分配中，是指 $|t|$ 以上之值發生之機率。

■步驟 6：判定

P 值 < 顯著水準 α →否定虛無假設
P 值 > 顯著水準 α →不否定虛無假設

➤ 利用 EXCEL 計算檢定統計量與 P 值

■步驟 1：資料的輸入

從 A2 到 A17 輸入資料。

	A	B	C	D	E
1	數據				
2	11		數據數	n	16
3	12		標準差	s	2.76887642
4	15		假設之值	μ	12
5	14		顯著水準	α	0.05
6	17		自由度	φ	15
7	20				
8	18				
9	14				
10	18				
11	11				
12	17				
13	14				
14	16				
15	13				
16	15				
17	19				

■步驟 2：準備

　　E2 輸入數據數，E4 輸入假設之值，E5 輸入顯著水準。另外，於 E3 計算標準差，於 E6 計算自由度。

【儲存格內容】

　　E2;=COUNT(A:A)

　　E3;=STDEV(A2:A17)

　　E4;12

　　E5;0.05

　　E6;E2-1

■步驟 3：輸入數式、統計函數

　　從 E7 到 E14 輸入計算式。

	A	B	C	D	E
1	數據				
2	11		數據數	n	16
3	12		標準差	s	2.76887642
4	15		假設之值	μ	12
5	14		顯著水準	α	0.05
6	17		自由度	φ	15
7	20		平均值		15.25
8	18		檢定統計量	t值	4.695
9	14		臨界值（雙邊）	t(φ,α)	2.1315
10	18		臨界值（單邊右側）	t($\varphi,2\alpha$)	1.7531
11	11		臨界值（單邊左側）	(-)t($\varphi,2\alpha$)	-1.7531
12	17		雙邊機率	p值	0.00029
13	14		單邊機率（上）	p值	0.00014
14	16		單邊機率（下）	p值	0.99986
15	13		信賴係數	1-α	0.95
16	15		信賴上限		16.72543
17	19		信賴下限		13.77457

【儲存格內容】
E7;AVERAGE(A2:A17)
E8;=(E7-E4)/(E3/SQRT(E2))
E9;=TINV(E5,E6)
E10;=TINV(2*E5,E6)
E11;=-TINV(2*E5,E6)
E12;=TDIST(ABS(E8),E6,E2)
E13;=IF(E8>0,TDIST(E8,E6,1),1-TDIST(ABS(E8,E6,1))
E14;=IF(E8>0,1-TDIST(E8,E6,1),TDIST(ABS(E8,E6,1))

■結果的看法

P 值 = 0.0014 < 顯著水準 α = 0.05 。因之否定虛無假設。亦即，判斷母平均比 12 大。

➤ 檢定時使用函數 TDIST 時的注意

利用此函數求 P 值時，有需要取決於對立假設而分別使用。檢定統計量當作 t，如下計算。

$H_1 : \mu = \mu_0 \rightarrow P$ 值 = TDIST（ABS(T)，自由度，2）
$H_1 : \mu > \mu_0 \rightarrow P$ 值 = TDIST（T，自由度，1）
$H_1 : \mu < \mu_0 \rightarrow P$ 值 = TDIST（ABS(T)，自由度，1）

例題 2-4

使用例題 2-3 之數據，估計製造方法變更後的強度的母平均。

➤ 母平均的區間估計（母標準差未知時）

母平均 μ 的 $(1-\alpha)\times 100\%$ 之信賴區間，可用如下的計算求之。

$$\bar{x} - t(\phi,\alpha)\frac{s}{\sqrt{n}} < \mu < \bar{x} + t(\phi,\alpha)\frac{s}{\sqrt{n}}$$

此處，$t(\phi, \alpha)$ 是指在自由度中的 t 分配中的 $100\times\alpha$ 百分點。

➤ 信賴下限與信賴上限的計算

追加在先前的檢定試算表中。E15 輸入信賴係數，E16 到 E17 輸入計算式。

	A	B	C	D	E
1	數據				
2	11		數據數	n	16
3	12		標準差	s	2.76887642
4	15		假設之值	μ	12
5	14		顯著水準	α	0.05
6	17		自由度	φ	15
7	20		平均值		15.25
8	18		檢定統計量	t值	4.695
9	14		臨界值〈雙邊〉	$t(\varphi,\alpha)$	2.1315
10	18		臨界值〈單邊右側〉	$t(\varphi,2\alpha)$	1.7531
11	11		臨界值〈單邊左側〉	$(-)t(\varphi,2\alpha)$	-1.7531
12	17		雙邊機率	p值	0.00029
13	14		單邊機率〈上〉	p值	0.00014
14	16		單邊機率〈下〉	p值	0.99986
15	13		信賴係數	$1-\alpha$	0.95
16	15		信賴上限		16.72543
17	19		信賴下限		13.77457

【儲存格內容】

E15;0.95

E16;=E7+TINV(1-E15,E6)*E3/SQRT(E2)

E17;=E7-TINV(1-E15,E6)*E3/SQRT(E2)

■結果的看法

母平均 μ 的 95% 信賴區間是

（信賴上限 $\mu_U = 16.725$，信賴下限 $\mu_L = 13.775$）。

註：TINV 是 Excel 2007 之前的相容版本，指 T 分配的雙尾數值。

TDIST 是 Excel 2007 之前的相容版本，尾數 1 指單尾，尾數 2 指雙尾。

T.INV.2T 是 2007 年之後的版本，指 T 分配的雙尾數值。

T.INV 是指 T 分配的左尾數值。

T.DIST.2T 是指雙尾 T 分配值。

T.DIST.RT 是指右尾 T 分配值。

T.DIST 是指左尾 T 分配值。

 Tea Break

事實上我們在日常生活中碰到的情境，往往都只是樣本的部分，我們會說它接近常態分配（當然不是真的，因為我們碰到的都是離散型資料，當然不可能是連續的），那我們要用什麼當作 μ, σ 的估計呢？沒錯，我們就是利用樣本平均數 ($\bar{x}$) 與樣本標準差 s 去取代它們，但是請大家務必小心使用這兩個符號，不要混著用，因為樣本的話是估計的情形（不是原本母體的情形），而母體是我們無法掌握的，但是往往我們藉由樣本去估計母體，這就是我們這節所要學的目的！如果符號使用上不會弄錯，代表你觀念已經很清楚了！那麼很恭喜你，因為很多人都會弄混這兩個概念。

2.2 母平均之差的檢定與估計

例題 2-5

以下的數據是就某建築材料測量處理後的伸縮量（mm）。A 組的數據是針對 A 公司的產品 15 個測量，B 組的數據是針對 B 公司的產品 16 個測量而得。試檢討公司產品與 B 公司產品的伸縮量能否說有差異呢？

A 組	22	19	16	17	19	16	26	24	18
	19	13	16	22	18	19	22	19	26
B 組	22	20	28	24	22	28	22	19	25
	21	23	24	23	23	29	23		

➤ 2 個母平均之差的檢定

虛無假設 H_0 與對立假設 H_1 如下表現。

虛無假設 H_0：$\mu_A = \mu_B$
對立假設 H_1：$\mu_A \neq \mu_B$

此處，μ_A 是 A 組的母平均，μ_B 是 B 組的母平均。

2 組之母平均的差異，自然是以母平均之「差」來觀察。檢定 2 個母平均之差的方法，依如下的情況而有不同。

（情況 1）數據無對應
（情況 2）數據有對應

資料之有無對應，依資料的收集方法而定。資料無對應，是指收集某一組的資料，與收集另一組的資料無關。譬如，男性與女性中，調查身高有無差異之情形，男性的資料與女性的資料是全無關係之下加以收集。

相對的，調查夫妻的身高有無差異時，當收集男方資料時，有需要收集他的妻子的資料來比較。亦即丈夫的資料與妻子的資料成對取得。此種情形稱為資料有對應。資料有對應時，成對的差即為問題所在。本例題可以視為資料無對應。

➤ 等變異數的假定

資料無對應時，在進行母平均之差的檢定之前，需要檢討 2 個組的母變異數是否相等。

建立母變異數相等之假定，稱爲等變異數的假定。是否假定等變異數呢？或者未假定等變異數呢？母平均之差的檢定方法即有所不同。

➤ 假定等變異數時的檢定方法

檢定的步驟如下：

■步驟 1：假設的建立

虛無假設 $H_0：\mu_A = \mu_B$
對立假設 $H_1：\mu_A = \mu_B$

對立假設可以考慮如下 3 種：$(1)H_1：\mu = \mu_0$；$(2)H_1：\mu > \mu_0$；$(3)H_1：\mu < \mu_0$。本例題關心的是 A 產品與 B 產品的伸縮量是否有差異，所以設定 (1)。

■步驟 2：顯著水準 α 的設定

顯著水準 $\alpha = 0.05$

■步驟 3：計算共同的變異數

2 個組的母變異數分別設爲 σ_A^2, σ_B^2，因爲是假定 2 個母變異數相等，所以可以表現成 $\sigma_A^2 = \sigma_B^2 = \sigma^2$（$\sigma^2$ 爲某值）。因爲 σ^2 未知，因之如下計算之 V，即當作 σ^2 的估計值。

$$V = \frac{S_A + S_B}{\phi_A + \phi_B}$$

此處，$S_A = $ A 組的平方和，$S_B = $ B 組的平方和。
$N_A = $ A 組的數據數，$N_B = $ B 組的數據數，
$\phi_A = n_A - 1$　$\phi_B = n_B - 1$

■步驟 4：計算檢定統計量值

$$t = \frac{\bar{x}_A - \bar{x}_B}{\sqrt{V\left(\frac{1}{n_A} + \frac{1}{n_B}\right)}}$$

■步驟 5：計算 P 值

計算出要與顯著水準比較之 P 值。P 值是指在自由度 $\phi_A + \phi_B$ 之 t 分配中，$|t|$ 以上之值發生之機率。

■步驟 6：判定

P 值＜顯著水準 α →否定虛無假設
P 值＞顯著水準 α →不否定虛無假設

➤ 利用 EXCEL 計算檢定統計量與 P 值

■步驟 1：資料的輸入

從 A2 到 A19 輸入 A 組的資料，B2 到 B17 輸入 B 組的資料。

■步驟 2：輸入數式、統計函數

F2 到 F16 輸入數式，G2 到 G6 輸入統計函數。

	A	B	C	D	E	F	G	H
1	A組	B組				A組	B組	
2	22	22		數據數	n	18	16	
3	19	20		平均值		19.5	23.5	
4	16	28		偏差平方和	S	214.5	120	
5	17	24		變異數	V	12.61765	8	
6	19	22		自由度	ϕ	17	15	
7	16	28		平均值之差		-4		
8	26	22		共同變異數		10.45313		
9	24	19		顯著水準	α	0.05000		
10	18	25		檢定統計量	t值	-3.60076		
11	19	21		臨界值(雙邊)	$t(\phi,\alpha)$	2.03693		
12	13	23		臨界值(右邊)	$t(\phi,2\alpha)$	1.69389		
13	16	24		臨界值(左邊)	$(-)t(\phi,2\alpha)$	-1.69389		
14	22	23		雙邊機率	p值	0.00106		[
15	18	23		單邊機率(上)	p值	0.99947		
16	19	29		單邊機率(下)	p值	0.00053		
17	22	23						
18	19							
19	26							

【儲存格內容】

F2;=COUNT(A:A)　　　　　　G2;=COUNT(B:B)
F3;=AVERAGE(A2:A19)　　　 G3;=AVERAGE(B2:B19)
F4;=DEVSQ(A2:A19)　　　　 G4;=DEVSQ(B2:B19)

F5;=VAR(A2:A19)　　　　G5;=VAR(B2:B19)

F6;=F2-1　　　　　　　　G6;=G2-1

F7;=F3-G3

F8;=(F4+G4)/(F6+G6)

F9;0.05

F10;=F7/SQRT((1/F2+1/G2)*F8)

F11;=TINV(F9,F6+G6)

F12;=TINV(2*F9,F6+G6)

F13;=-TINV(2*F9,F6+G6)

F14;=TDIST(ABS(F10),F6+G6,2)

F15;=IF(F10>0,TDIST(F10,F6+G6,1),1-TDIST(ABS(F10),
F6+G6,1))

F16;=IF(F10>0,1-TDIST(F10,F6+G6,1),TDIST(ABS(F10),
F6+G6,1))

■結果的看法

P 值 = 0.00106 < 顯著水準 $\alpha = 0.05$

因之否定虛無假設 H_0。亦即，判斷 A 公司產品與 B 公司產品的伸縮量的母平均有差異。

➢未假定等變異數時的檢定方法

假定等變異數的母平均之差的檢定方法，稱爲 Student 的 t 檢定，相對的，未假定等變異數的母平均之差的檢定方法，稱爲 Welch 的 t 檢定。此步驟如下。

■步驟 1：假設的建立

虛無假設 $H_0 : \mu_A = \mu_B$

對立假設 $H_1 : \mu_A = \mu_B$

■步驟 2：設定顯著水準 α

$\alpha = 0.05$

■步驟 3：計算檢定統計量 *t* 值

$$t_0 = \frac{\bar{x}_A - \bar{x}_B}{\sqrt{\dfrac{V_A}{n_A} + \dfrac{V_B}{n_B}}}$$

■步驟 4：計算等價自由度 ϕ^*

$$\phi^* = \frac{\left(\dfrac{V_A}{n_A} + \dfrac{V_B}{n_B}\right)^2}{\left(\dfrac{V_A}{n_A}\right)^2 \dfrac{1}{n_A - 1} + \left(\dfrac{V_B}{n_B}\right)^2 \dfrac{1}{n_B - 1}}$$

■步驟 5：計算 P 值

計算出要與顯著水準比較之 P 值。P 值是指在等價自由度 ϕ^* 的 t 分配中，| *t* | 值以上之值發生機率。

■步驟 6：判定

P 值 < 顯著水準 α →否定虛無假設
P 值 > 顯著水準 α →不否定虛無假設

➤ 利用 EXCEL 計算檢定統計量與 P 值

■步驟 1：資料的輸入

從 A2 到 A19 輸入 A 組的資料，B2 到 B17 輸入 B 組的資料。

■步驟 2：輸入數式、統計函數

F2 到 F16 輸入數式，G2 到 G6 輸入統計函數。

	A	B	C	D	E	F	G	H
1	A組	B組				A組	B組	
2	22	22		數據數	n	18	16	
3	19	20		平均值		19.5	23.5	
4	16	28		偏差平方和	S	214.5	120	
5	17	24		變異數	V	12.61765	8	
6	19	22		自由度	ϕ	17	15	
7	16	28		平均值之差		-4		
8	26	22		等價自由度	$\phi*$	31.6507		
9	24	19		顯著水準	α	0.05		
10	18	25		檢定統計量	t值	-3.64999		
11	19	21		臨界值(雙邊)	t($\phi*,\alpha$)	2.039513		
12	13	23		臨界值(右邊)	t($\phi*,2\alpha$)	1.695519		
13	16	24		臨界值(左邊)	(-)t($\phi*,2\alpha$)	-1.69552		
14	22	23		雙邊機率	p值	0.000956		
15	18	23		單邊機率(上)	p值	0.999522		
16	19	29		單邊機率(下)	p值	0.000478		
17	22	23						
18	19							
19	26							
20								

【儲存格內容】

F2;=COUNT(A:A) G2;=COUNT(B:B)
F3;=AVERAGE(A2:A19) G3;=AVERAGE(B2:B19)
F4;=DEVSQ(A2:A19) G4;=DEVSQ(B2:B19)
F5;=VAR(A2:A19) G5;=VAR(B2:B19)
F6;=F2-1 G6;=G2-1
F7;=F3-G3
F8;=(F5/F2+G5/G2)^2/((F5+F6)^2/(F2-1)+(G5/G2)^2/(G2-1))
F9;0.05
F10;=F7/SQRT((F5/F2)+G5/G2)
F11;=TINV(F9,F8)
F12;=TINV(2*F9, F8)
F13;=-TINV(2*F9, F8)
F14;=TDIST(ABS(F10),F8,2)
F15;=IF(F10>0,TDIST(F10,F8,2),1-TDIST(ABS(F10),F8,2))
F16;=IF(F10>0,1-TDIST(F10,F8,1),TDIST(ABS(F10),F8,1))

■結果的看法

P 值 = 0.00096 < 顯著水準 α = 0.05

　　因之，否定虛無假設 H_0。亦即，判斷 A 公司產品與 B 公司產品的伸縮量的母平均有差異。

例題 2-6

在例題 2-5 中，就假定等變異數與未假定等變異數的情形，以信賴係數 95% 區間估計 2 個母平均之差看看。

➢ 母平均之差的區間估計

　　與檢定的情形一樣，是否假定等變異數，估計方法即有不同。

■ 假定等變異數時的區間估計的公式

　　母平均之差 $\mu_A - \mu_B$ 的 $(1-\alpha) \times 100\%$ 的信賴區間如下求之。

$$(\bar{x}_A - \bar{x}_B) - t(\phi, \alpha)\sqrt{V\left(\frac{1}{n_A} + \frac{1}{n_B}\right)} < \mu_A - \mu_B < (\bar{x}_A - \bar{x}_B) + t(\phi, \alpha)\sqrt{V\left(\frac{1}{n_A} + \frac{1}{n_B}\right)}$$

此處，$V = \dfrac{S_A + S_B}{\phi_A + \phi_B}$

S_A = A 組的平方和　　S_B = B 組的平方和
n_A = A 組的數據數　　n_B = B 組的數據數
$\phi_A = n_A - 1$　　　　$\phi_B = n_B - 1$

■ 未假定等變異數時的區間估計的公式

　　母平均之差 $\mu_A - \mu_B$ 的 $(1-\alpha) \times 100\%$ 的信賴區間如下求之。

$$(\bar{x}_A - \bar{x}_B) - t(\phi^*, \alpha)\sqrt{\left(\frac{V_A}{n_A} + \frac{V_B}{n_B}\right)} < \mu_A - \mu_B < (\bar{x}_A - \bar{x}_B) + t(\phi^*, \alpha)\sqrt{\left(\frac{V_A}{n_A} + \frac{V_B}{n_B}\right)}$$

此處，

$$\phi^* = \frac{\left(\dfrac{V_A}{n_A} + \dfrac{V_B}{n_B}\right)^2}{\left(\dfrac{V_A}{n_A}\right)^2 \dfrac{1}{n_A - 1} + \left(\dfrac{V_B}{n_B}\right)^2 \dfrac{1}{n_B - 1}}$$

➤計算信賴下限與信賴上限（假定等變異數時）

追加在先前的檢定的試算表中。F17 輸入信賴係數，F18 計算信賴上限的式子，F19 輸入計算信賴下限的式子。

	A	B	C	D	E	F	G	H
1	A組	B組				A組	B組	
2	22	22		數據數	n	18	16	
3	19	20		平均值		19.5	23.5	
4	16	28		偏差平方和	S	214.5	120	
5	17	24		變異數	V	12.61765	8	
6	19	22		自由度	ϕ	17	15	
7	16	28		平均值之差		-4		
8	26	22		共同變異數		10.45313		
9	24	19		顯著水準	α	0.05000		
10	18	25		檢定統計量	t值	-3.60076		
11	19	21		臨界值(雙邊)	$t(\phi,\alpha)$	2.03693		
12	13	23		臨界值(右邊)	$t(\phi,2\alpha)$	1.69389		
13	16	24		臨界值(左邊)	$(-)t(\phi,2\alpha)$	-1.69389		
14	22	23		雙邊機率	p值	0.00106		
15	18	23		單邊機率(上)	p值	0.99947		
16	19	29		單邊機率(下)	p值	0.00053		
17	22	23		信賴係數	$1-\alpha$	0.95		
18	19			信賴上限		-1.73722		
19	26			信賴下限		-6.26278		
20								

【儲存格內容】
F17;0.05
F18;=F7+TINV(1-F17,F6+G6)*SQRT(F8*(1/F2+1/G2))
F19;=F7+TINV(1-F17,F6+G6)*SQRT(F8*(1/F2+1/G2))

■結果的看法

母平均之差 $\mu_A - \mu_B$ 的 95% 信賴區間即為

$$-6.263 < \mu_A - \mu_B < -1.737$$

➤計算信賴下限與信賴上限（未假定等變異數時）

追加於先前的檢定試算表中。F17 輸入信賴係數，F18 輸入計算信賴上限的式子，F19 輸入計算信賴下限的式子。

▲	A	B	C	D	E	F	G	H
1	A組	B組				A組	B組	
2	22	22		數據數	n	18	16	
3	19	20		平均值		19.5	23.5	
4	16	28		偏差平方和	S	214.5	120	
5	17	24		變異數	V	12.61765	8	
6	19	22		自由度	ϕ	17	15	
7	16	28		平均值之差		-4		
8	26	22		等價自由度	$\phi*$	31.65070		
9	24	19		顯著水準	α	0.05000		
10	18	25		檢定統計量	t值	-3.64999		
11	19	21		臨界值(雙邊)	t($\phi*,\alpha$)	2.03951		
12	13	23		臨界值(右邊)	t($\phi*,2\alpha$)	1.69552		
13	16	24		臨界值(左邊)	(-)t($\phi*,2\alpha$)	-1.69552		
14	22	23		雙邊機率	p值	0.00096		
15	18	23		單邊機率(上)	p值	0.99952		
16	19	29		單邊機率(下)	p值	0.00048		
17	22	23		信賴係數	1-α	0.95		
18	19			信賴上限		-1.764912		
19	26			信賴下限		-6.235088		
20								

【儲存格內容】

F17;0.95

F18;=F7+TINV(1-F17,F8)*SQRT(F5/F2+G5/G2))

F19;=F7-TINV(1-F17,F8)*SQRT(F5/F2+G5/G2))

■ 結果的看法

母平均之差 $\mu_A - \mu_B$ 的 95% 信賴區間即為

$$-6.235 < \mu_A - \mu_B < -1.765$$

例題 2-7

以下的資料是顯示 12 位技術員在專門教育中前期考試與後期考試的分數。後期考試的成績 (B) 可以認為比前期考試的成績 (A) 提高嗎？試檢討之，並進行母平均之差的估計。

資料表

NO.	1	2	3	4	5	6	7	8	9	10	11	12
前期	76	57	72	47	52	76	64	64	66	57	38	58
後期	89	60	71	65	60	70	71	69	68	66	50	62

➢ 數據有對應時 2 個母平均之差的檢定

■步驟 1：建立假設

虛無假設 $H_0 : \mu_A - \mu_B = 0$
對立假設 $H_1 : \mu_A - \mu_B < 0$

對立假設可以想到以下 3 種：$(1)H_1 : \mu_A - \mu_B = 0$；$(2)H_1 : \mu_A - \mu_B > 0$；$(3)$ $H_1 : \mu_A - \mu_B < 0$。本例題關心的是後期考試的成績 (B) 是否比前期考試的成績 (A) 提高呢？因之設定爲 (3)。

■步驟 2：顯著水準 α 的設定

顯著水準 $\alpha = 0.05$

■步驟 3：計算各對的差

$$d_i = x_{Ai} - x_{Bi}$$

■步驟 4：計算 d_i 的平均值 $\overline{d}$ 與變異數 V_d

■步驟 5：計算檢定統計量 t 值

$$t = \frac{\overline{d}}{\sqrt{\dfrac{V_d}{n}}}$$

■步驟 6：計算 P 值

計算與顯著水準比較 P 值，P 值在自由度 $\phi = n - 1$ 的 t 分配中，是指 $|t|$ 以下之值發生機率。

■步驟 7：判定

P 值 < 顯著水準 α →否定虛無假設
P 值 > 顯著水準 α →不否定虛無假設

➢ 數據有對應時 2 個母平均之差的區間估計

計算各對之差，使用平均 d 與變異數 V_d，利用下式即可求出母平均之差 $\mu_A - \mu_B$ 的 $(1 - \alpha) \times 100\%$ 信賴區間。

$$\overline{d} - t(n-1,\alpha)\sqrt{\frac{V_d}{n}} < \mu_A - \mu_B < \overline{d} + t(n-1,\alpha)\sqrt{\frac{V_d}{n}}$$

➢ 利用 EXCEL 計算檢定統計量、P 值與區間估計

■步驟 1：資料輸入與差的計算

從 A2 到 A13 輸入 A 組的數據，從 B2 到 B13 輸入 B 的數據，與 C2 到 C13 求出 A 與 B 之差。

■步驟 2：輸入數式、統計函數

從 G2 到 G17 輸入數式與統計函數。

	A	B	C	D	E	F	G
1	前期	後期	差d				
2	76	89	-13		數據數	n	12
3	57	60	-3		差的變異數	Vd	42.333333
4	72	71	1				
5	47	65	-18		顯著水準	α	0.05
6	52	60	-8		自由度	φ	11
7	76	70	6		差的平均值		-6.1667
8	64	71	-7		檢定統計量	t值	-3.2832
9	64	69	-5		臨界值〈雙邊〉	$t(\varphi,\alpha)$	2.201
10	66	68	-2		臨界值〈右邊〉	$t(\varphi,2\alpha)$	1.7959
11	57	66	-9		臨界值〈左邊〉	$(-)t(\varphi,2\alpha)$	-1.7959
12	38	50	-12		雙邊機率	p值	0.0073
13	58	62	-4		單邊機率〈上〉	p值	0.9964
14					單邊機率〈下〉	p值	0.0036
15					信賴係數	$1-\alpha$	0.95
16					信賴上限		-2.0327
17					信賴下限		-10.3006

【儲存格內容】
G2;=COUNT(C:C)
G3;=VAR(C2:C13)
G5;0.05
G6;=G2-1
G7;=G2-1
G8;=G7/SQRT(G3/G2)
G9;=TINV(G5,G6)
G10;=TINV(2*G5,G6)
G11;=-TINV(2*G5,G6)

G12;=TDIST(ABS(G8),G6,2)
G13;=IF(G8>0,TDIST(G8,G6,1),1-TDIST(ABS(G8),G6,1))
G14;=IF(G8>0,1-TDIST(G8,G6,1),TDIST(ABS(G8),G6,1))
G15;0.95
G16;=G7+TINV(1-G15,G6)*SQRT(G3/G2)
G17;=G7-TINV(1-G15,G6)*SQRT(G3/G2)

➤ 結果的看法

P 值 = 0.0096 < 顯著水準 $\alpha = 0.05$

因之，否定虛無假設 H_0。亦即，判斷後期考試的成績 (B) 比前期考試的成績 (A) 提高。

母平均之差 $\mu_A - \mu_B$ 的 95% 之信賴區間即為

$$-10.3006 < \mu_A - \mu_B < -2.0327$$

Tea Break

　　P 值是基於數據的檢定統計量算出來的機率值。如果 P 值是 5%，也就是說，如果以此為界拒絕原假設的話，那麼只有 5% 的可能性犯錯。原假設是對的，但卻拒絕了，這是錯誤的。所以說 P 值越大，拒絕原假設的理由越不充分。如果 P 值接近於 0，拒絕原假設，那麼幾乎不可能犯錯，於是說明數據是極其不符合原假設。換言之，是假說檢定中虛無假說成立或表現更嚴重的可能性。P 值若與選定顯著水準（0.05 或 0.01）相比更小，則虛無假說會被否定而不可接受。然而這並不直接表明原假設正確。通常在連續分配的假設下，P 值是一個服從 [0,1] 區間均勻分布的隨機變數，在實際使用中因樣本等各種因素存在不確定性。

　　在科學研究的許多領域，P 值小於 0.05 被認為是確定實驗數據可靠性的金標準。這個標準支持了大多數已發表的科學結論，違反這一標準的論文很難發表，而且也很難得到學術機構的資助。然而，即使是費雪也明白，統計顯著性的概念以及支撐它的 P 值具有相當大的侷限性。幾十年來，科學家也逐漸意識到了這些侷限性。

　　2018 年，由 72 位科學家組成的小組在《自然 · 人類行為》上發表了一篇名為《重新定義統計意義》的評論文章，贊同將統計顯著性的閾值從 0.05 調整到 0.005。

第 3 章
百分比的檢定與估計

本章內容

3.1 母百分比的檢定與估計

例題 3-1

某產品在 A 工廠中的不良率，一向是 15%。此次，為了降低不良使用了最新的材料。使用此材料後檢驗 100 個產品，發現 7 個不良，問不良率可否說降低了呢？

➤ 檢定的方法

有關母不良率的檢定方法，有以下 3 種方法：
1. 精確機率計算法
2. F 分配法
3. 常態近似法

所謂精確機率計算法是利用二項分配之性質進行檢定的方法。F 分配是基於二項分配與 F 分配之間有密切關係，所以利用 F 分配之性質進行檢定的方法。常態近似法是將二項分配的資料看成常態分配，利用常態分配之性質進行檢定的方法。

此處介紹利用 1 的精確機率計算法。

* 不良率即為百分比。

 Tea Break

以往從小筆資料集、稀疏或不平衡表格取得的漸近結果，其準確性可能令人懷疑。透過「精確檢定」，可幫助您取得正確的顯著性水準，無需仰賴可能資料不符的假設。舉例來說，某個小鎮中舉辦名額只有 20 人的消防員錄取檢定考，結果顯示 5 個白人取得資格，其餘名額由黑人、亞洲人和西班牙人取得。經過皮爾遜（Pearson）卡方檢定後，以虛無假設為人種的自變數時，計算出的漸近顯著機率為 0.07。由此推斷考試結果和人種毫無關係。但是，資料只有包含 20 個觀察值，而且多個資料格中的期望頻次是少於 5，這表示結果值得懷疑。而且皮爾遜卡方檢定的精確顯著機率應該為 0.04，和結論有所出入。依據精確顯著機率，可推斷檢定結果實際上和受試者的人種有關。從以上例子可看出，無法達到漸近法的假設時，取得精確結果非常重要。不管資料的大小、分布、稀疏或平衡，精確顯著機率值絕對可信。

資料來源：https://www.ibm.com/docs/zh-tw/spss-statistics/SaaS?topic=testing-exact-tests

➤ 檢定的步驟

■步驟 1：假設的建立

虛無假設 $H_0 : P = P_0$（P_0 為某已知不良率）
對立假設 $H_1 : P = P_0$

■步驟 2：設定顯著水準
顯著水準 $\alpha = 0.05$

■步驟 3：發生機率之計算

$$P_x = \frac{n!}{x!(n-x)!} P_0{}^x \left(1 - P_0\right)^{n-x}$$

$$W_1 = \sum_{x=0}^{r} P_x$$

$$W_2 = \sum_{x=r}^{n} P_x$$

此處，n 當作試行次數（樣本大小），r 當作出現數（發生數）。W_1 是指出現數從 0 到 r 次的合計，所以是 r 次以下的機率。W_2 是指出現數從 r 到 n 次的合計，所以是 r 次以上的機率。

■步驟 4：計算 P 值
計算要與顯著水準比較之 P 值。
1. 雙邊 P 值計算
   $W_1 \geq W_2 \rightarrow$ 算 P 值 $= 2 \times W_2$
   $W_1 < W_2 \rightarrow$ 算 P 值 $= 2 \times W_1$
2. 單邊（上側）P 值的計算
   P 值 $= W_2$
3. 單邊（下側）P 值的計算
   P 值 $= W_1$

■步驟 5：判定
1. 對立假設 H_1 為 $P = P_0$ 時，
   P 值（雙邊機率）$\leq$ 顯著水準 $\alpha \rightarrow$ 否定虛無假設
   P 值（雙邊機率）$>$ 顯著水準 $\alpha \rightarrow$ 不否定虛無假設

2. 對立假設 H_1 為 $P > P_0$ 時，
　 P 值（雙邊機率）$\leq$ 顯著水準 $\alpha \rightarrow$ 否定虛無假設
　 P 值（雙邊機率）$>$ 顯著水準 $\alpha \rightarrow$ 不否定虛無假設
3. 對立假設 H_1 為 $P < P_0$ 時，
　 P 值（雙邊機率）$\leq$ 顯著水準 $\alpha \rightarrow$ 否定虛無假設
　 P 值（雙邊機率）$>$ 顯著水準 $\alpha \rightarrow$ 不否定虛無假設

➤ 利用 EXCEL 計算 P 值

■步驟 1：資料的輸入
C1 輸入樣本大小，C2 輸入出現數（不良個數）。

	A	B	C
1	數據數	n	100
2	出現數	m	7

【儲存格內容】
　 C1;100
　 C2;7

Tea Break

　　比例用來反映一個整體中各部分之間的組成情況，一般用 a：b 的形式表現。
比如東南西北 4 個區的貸款數量之間的比例為 35：30：20：15，這四部分組
成了全國這一個整體。單身群體中，男女比例為 1：2，這也是比例。比率則用
來反映組成總體的某一部分在總體中的一個占比情況，一般用百分比來表示。

■步驟 2：輸入數式、統計函數

從 C3 到 C9，C16 到 C18 輸入計算式。

	A	B	C
1	數據數	n	100
2	出現數	m	7
3	未出現數	n-m	93
4	百分率	p	0.07
5	假說之值	p	0.15
6	顯著水準	α	0.05
7	機率	Px(x＞m)	0.98783
8	機率	Px(x＝m)	0.00746
9	機率	Px(x＜m)	0.0047
10			
11			
12			
13			
14			
15			
16	雙邊機率	p值	0.02433
17	單邊機率（上）	p值	0.9953
18	單邊機率（下）	p值	0.01217

【儲存格內容】

C3;=C1-C2

C4;=C2/C1

C5;0.15

C6;0.05

C7;=1-BINOMDIST(C2,C1,C5,TRUE)

C8;=BINOMDIST(C2,C1,C5,TRUE)

C9;=BINOMDIST(C2-1,C1,C5,TRUE)

C16;=IF(C7<C9,(C7+C8)*2,(C9+C8)*2)

C17;=C7+C8

C18;=C8+C9

■結果的看法

P 值（單邊）= 0.01217 < 顯著水準 α = 0.05

因之，否定虛無假設 H_0。亦即，判斷母不良率已降低。

例題 3-2

估計例題 3-1 的不良率看看。

➤ 想法

進行母不良率 P 的區間估計，利用二項分配與 F 分配之間有如下關係。

試行次數（樣本數）當作 n，發生次數（發生數）當作 x。x 在 r 以上的機率以 $Pr\{X \geq r\}$ 表示，x 在 r 以下的機率以 $Pr\{X \leq r\}$ 表示。

1. 在滿足 $Pr\{X \geq r\} = \alpha$ 的 r 及 n、$p\,(=r/n)$ 之間，成立以下的關係。

$$\phi_1 = 2(n - r + 1)$$
$$\phi_2 = 2r$$
$$p = \frac{\phi_2}{\phi_1 F(\phi_1, \phi_2; \alpha) + \phi_2}$$

2. 在滿足 $P(X \leq r) = \alpha$ 的 r 及 n、$p\,(=r/n)$ 之間，成立以下的關係。

$$\phi_1 = 2(r + 1)$$
$$\phi_2 = 2(n - r)$$
$$p = \frac{\phi_1 F(\phi_1, \phi_2; \alpha)}{\phi_1 F(\phi_1, \phi_2; \alpha) + \phi_2}$$

➤ 區間估計的步驟

信賴係數 $(1 - \alpha) \times 100\%$ 的信賴區間如下求之。

■ 信賴下限 P_L

$$\phi_1 = 2(n - r + 1)$$
$$\phi_2 = 2r$$
$$P_L = \frac{\phi_2}{\phi_1 F\left(\phi_1, \phi_2; \dfrac{\alpha}{2}\right) + \phi_2}$$

■ 信賴上限 P_U

$$\phi_1 = 2(r + 1)$$
$$\phi_2 = 2(n - r)$$
$$P_U = \frac{\phi_1 F\left(\phi_1, \phi_2; \dfrac{\alpha}{2}\right)}{\phi_1 F(\phi_1, \phi_2; \alpha) + \phi_2}$$

➤ 信賴界線的計算

■步驟 1：資料的輸入

	A	B	C
1	數據數	n	100
2	出現數	m	7

【儲存格內容】
C1;100

C2;7

■步驟 2：輸入數式、統計函數

從 C3 到 C11，C13 到 C14 輸入計算式。

	A	B	C	D
1	數據數	n	100	
2	出現數	m	7	
3	未出現數	n-m	93	
4	百分率	p	0.07	
5	信賴係數	$1-\alpha$	0.95	
6	第1自由度	a	188	
7	第2自由度	b	14	
8	否定域 1	$F(a,b; \alpha/2)$	2.52884	
9	第1自由度	c	16	
10	第2自由度	d	186	
11	否定域 2	$F(c,d; \alpha/2)$	1.87548	
12				
13	信賴上限		0.13892	
14	信賴下限		0.02861	

【儲存格內容】

C3;=C1-C2　　　　　　　　C4;=C2/C1

C5;0.95　　　　　　　　　　C6;=2*(C3+1)

C7;=2*C2

C8;=FINV((1-C5)/2,C6,C7)

C9;=2*(C2+1)

C10;=2*(C1-C2)

C11;=FINV((1-C5)/2,C9,C10)

C13;=(C9*C11)/(C9*C11+C10)
C14;=C7/(C6*C8+C7)

■結果的看法

母不良率 P 的 95% 信賴區間如下：

$$0.0286 < P < 0.1389$$

Tea Break

有些二元資料，自然只能分為兩類：是或否，有或無。譬如性別只能分為男或女，具有數學上「二項分配」的性質，是標準的「二元資料」。

至於分類在 3 種以上的則稱為「多項分配」（multinomial distribution），或「多元資料」（polychromous data），譬如「電視收視率」的資料等。

有些資料事實上並不只 2 類，但在統計上把它合併為 2 類，譬如，在選舉調查上分為只有「執政黨、在野黨」兩種政黨，也可以看成相當於「二元資料」，也可以適用二項分配的性質。

二元資料通常都是用來估計某種現象的百分比，現象發生與不發生的百分比分別為 p 和 q，而 p + q = 100%。

二元資料的變異數與 p*q 成正比。所以，當 p 和 q 的樣本統計量越趨近 50% 時，p*q 會越大，根據抽樣結論下判斷所需要的樣本數越大，反之越趨近 0 或 100% 時，樣本數可以較少。

譬如張三、李四兩人競選臺中市長，如果雙方掌握的選民均近 50%，即雙方越「相峙不下」、選民意見越紛歧、母群變異數大，那麼預測誰會當選的抽樣調查，所需要的樣本就要大；如果選情呈「一面倒」，彼此「相去懸殊」，即選民的意見很一致，那麼不需要很大的樣本，也可以預測勝負了。

Note

3.2 母百分比之差的檢定與估計

例題 3-3

有一家工廠以 A 法及 B 法兩種方法製造某產品,從 A 法所製造的產品選出 50 個、從 B 法所製造的產品選出 60 個進行品質檢查之後,A 法的 50 個中有 18 個不良,B 法的 60 個中有 11 個不良,問 A 法的不良率與 B 法的不良率能否說有差異呢?

➤ 想法

2 個不良率之比較,大多以不良率之「差」來評估。檢討發生之差異是否具有統計上的意義,可以進行 2 個母百分比之差的檢定。此檢定方法有將二項分配以近似常態所進行的常態近似法,以及稱之為費雪的精確檢定(exact test)(並非近似)的方法。本例題是使用常態近似法。

➤ 檢定的步驟

■步驟 1:假設的建立

虛無假設 $H_0 : P_A = P_B$
對立假設 $H_1 : P_A = P_B$
(或者 $P_A > P_B$)
(或者 $P_A < P_B$)

此處,P_A 表 A 組的母不良率,P_B 表 B 組的母不良率。
本例題關心的是母不良率之間是否有差異,所以

虛無假設 $H_0 : P_A = P_B$
對立假設 $H_1 : P_A = P_B$

■步驟 2:顯著水準 α 的設定
顯著水準 $\alpha = 0.05$

■步驟 3:計算檢定統計量的 u 值
P_A 表 A 組的樣本百分比
P_B 表 B 組的樣本百分比

n_A 表 A 組的樣本大小
n_B 表 B 組的樣本大小
r_A 表 A 組的不良率
r_B 表 B 組的不良率

$$u = \frac{p_A - p_B}{\sqrt{\bar{p}(1-\bar{p})\left(\dfrac{1}{n_A} + \dfrac{1}{n_B}\right)}}$$

此處

$$\bar{p} = \frac{r_A - r_B}{n_A + n_B}$$

■步驟 4：計算 P 值

計算出要與顯著水準比較之 P 值。

雙邊 P 值，是指在平均 0、標準差 1 的常態分配中，$|u|$ 以上的值之機率，單邊 P 值是它的 1/2。

■步驟 5：判定

1. 對立假設 H_1 為 $P_A = P_B$ 時，
   P 值（雙邊機率）＜顯著水準 α →否定虛無假設
   P 值（雙邊機率）＞顯著水準 α →不否定虛無假設
2. 對立假設 H_1 為 $P_A > P_B$ 時，
   P 值（上邊機率）＜顯著水準 α →否定虛無假設
   P 值（上邊機率）＞顯著水準 α →不否定虛無假設
3. 對立假設 H_1 為 $P_A < P_B$ 時，
   P 值（下邊機率）＜顯著水準 α →否定虛無假設
   P 值（下邊機率）＞顯著水準 α →不否定虛無假設

➤ 利用 EXCEL 計算 P 值

■步驟 1：資料的輸入

從 C1 到 C3 輸入各組的樣本大小、出現個數。

	A	B	C	D
1		n	A	B
2	數據數	m	50	60
3	出現數	n-m	18	11

【儲存格內容】
  C2;50   D2;60
  C3;18   D3;11

■步驟 2：輸入數式、統計函數

  從 C4 到 C5，C6 到 C15 輸入計算式。

	A	B	C	D
1		n	A	B
2	數據數	m	50	60
3	出現數	n-m	18	11
4	未出現數	p	32	19
5	百分率		0.36	0.1833
6	平均百分率		0.2636	
7	百分率之差	pB-pA	0.1767	
8	顯著水準	α	0.05	
9	檢定統計量	u值	2.094	
10	臨界值（雙邊）	u(α)	1.96	
11	臨界值（右邊）	u(2α)	1.6449	
12	臨界值（左邊）	(-)u(2α)	-1.6449	
13	雙邊機率	p值	0.0363	
14	單邊機率（左）	p值	0.0181	
15	單邊機率（右）	p值	0.9819	

【儲存格內容】
  C4;=C2-C3   D4;=D2-D3
  C5;=C3/C2   D5;=D3/D2
  C6;=(C3+D3)/(C2+D2)
  C7;=C5-D5
  C8;0.05
  C9;=(C5-D5)/SQRT(C6*(1-C6)*(1/C2+1/D2))
  C10;=ABS(NORMINV(C8/2, 0, 1))
  C11;=ABS(NORMINV(C8, 0, 1))
  C12;=NORMSINV(C8)
  C13;=(1-NORMSINV(ABS(C9)))*2
  C14;=1-NORMSDIST(ABS(C9))
  C15;=NORMSDIST(ABS(C9))

■結果的看法

  P 值 = 0.0363 ＜顯著水準 α = 0.05。

因之，否定虛無假設。亦即，判斷 A 法與 B 法的不良率有差異。

例題 3-4

在例題 3-3 中，試估計 A 法與 B 法的母不良率之差。

➤ 區間估計的步驟

2 個母百分比之差 $P_A - P_B$ 的信賴係數 $(1 - \alpha) \times 100\%$ 的信賴區間可以如下求之。

$$(p_A - p_B) - u(\alpha)\sqrt{\frac{p_A(1 - p_A)}{n_A} + \frac{p_B(1 - p_B)}{n_B}} \leq P_A - P_B \leq$$

$$(p_A - p_B) + u(\alpha)\sqrt{\frac{p_A(1 - p_A)}{n_A} + \frac{p_B(1 - p_B)}{n_B}}$$

➤ 信賴界限的計算

追加於先前的檢定的試算表中。C16 輸入信賴係數，C17 輸入計算信賴上限的式子，C18 輸入計算信賴下限的式子。

	A	B	C	D
1		n	A	B
2	數據數	m	50	60
3	出現數	n-m	18	11
4	未出現數	p	32	19
5	百分率		0.36	0.1833
6	平均百分率		0.2636	
7	百分率之差	pB-pA	0.1767	
8	顯著水準	α	0.05	
9	檢定統計量	u值	2.094	
10	臨界值〈雙邊〉	u(α)	1.96	
11	臨界值〈右邊〉	u(2α)	1.6449	
12	臨界值〈左邊〉	(-)u(2α)	-1.6449	
13	雙邊機率	p值	0.0363	
14	單邊機率〈左〉	p值	0.0181	
15	單邊機率〈右〉	p值	0.9819	
16	信賴係數		0.95	
17	信賴上限		0.3419	
18	信賴下限		0.0115	

【儲存格內容】

C16:0.95

C17;=C7+ABS(NORM.S.INV((1-C16)/2))*SQRT(C5*(1-C5)/C2+D5*(1-D5)/D2)

C18;=C7-ABS(NORM.S.INV((1-C16)/2))*SQRT(C5*(1-C5)/C2+D5*(1-D5)/D2)

■結果的看法

A 法與 B 法的母不良率之差的 95% 信賴區間為

$$0.0115 < P_A - P_B < 0.3419$$

Tea Break

　　關於總統大選甲候選人的支持度調查，經成功調查 1,100 位具有選舉權的公民得到 605 位支持，試寫出在 95% 信賴水準的信賴區間。

　　母體的特性比例用 p 表示，樣本的特性比例則用 $\hat{p}$ 表示，原則上，p 會落在由 $\hat{p}$ 計算出來的信賴區間之間。

1. 特性比例：$\hat{p}$ = 贊成樣本數 / 總樣本數，如愛好度、支持度、滿意度

2. 標準差：$\sigma = \sqrt{\dfrac{p(1-p)}{n}}$

3. 信賴區間：$(\hat{p} - 2 \times \sigma, \hat{p} + 2 \times \sigma)$。這是專屬於 95% 信賴水準的信賴區間

4. 支持率 $\hat{p} = \dfrac{605}{1100} = 0.55$

5. 標準差 $\sigma = \sqrt{\dfrac{0.55 \times 0.45}{100}} = 0.015$

因此，95% 信賴水準的信賴區間為 (0.55 － 0.015×2, 0.55 ＋ 0.015×2) = (0.52, 0.58)。

　　95% 信賴水準的信賴區間是指兩個標準差的半徑，此時區間的長度是 4 的標準差。因此，2 個標準差的範圍很足夠了，令人很有信心。

　　事實上，利用公式計算出來 95% 信賴水準的信賴區間，大約每做 100 次民意調查，有 95 次會抓到母體真正的支持度。不過，到底有沒有抓到，我們其實不知道，而「事後」也不能用機率表示，因此，只好用「95% 信賴水準」這樣的名詞。

第 4 章
實驗計畫法

本章內容

4.1 實驗計畫法簡介

➤實驗的進行方式

■實驗的任務

今假定有 5 台故障已不能動的的車子（A、B、C、D、E）。5 台均是相同的車種。故障的原因被認爲是安裝在各台車子的零件，因此想調查零件的狀態（良好或不良）。被安裝的零件有 4 種，分別當作零件 1、零件 2、零件 3、零件 4。調查的結果如下表：

車	結果	零件 1	零件 2	零件 3	零件 4
A	故障	良好	良好	不良	良好
B	故障	良好	良好	不良	良好
C	故障	良好	良好	不良	良好
D	故障	良好	良好	不良	良好
E	故障	良好	良好	不良	良好

觀察此調查結果，可以發現哪一個零件的故障原因是什麼。通常，如觀察此種表時，就會判斷零件 3 是故障的原因。可是，嚴格來說，它是錯誤的判斷。零件 3 只是故障原因的「可能性極高」而已，但無法判定是原因。因爲，即使是沒有故障的車子，零件 3 也或許是不良吧！在判定是否故障上，試著將零件 3 還原成良好的狀態，看看故障是否可修好，此種實驗是需要的。

所謂實驗是當注視結果時，將被認爲是原因者，使之人爲式地改變，觀察測量結果是如何改變的。並且，在因果關係的確認上，實驗也是不可欠缺的。

另外，觀察測量目前在發生的狀態的實際情形（不加上人爲的手段）即爲調查。

■實驗的 PDCA

在品質管理（QC）領域中，爲了獲得良好的結果，提倡基本的工作進行方式。此即依循稱爲 PDCA 的 4 個步驟進行工作的方式，具體言之，即意指如下步驟。

步驟 1　P = Plan　　=計畫

步驟 2　　　D = Do　　　= 實施
步驟 3　　　C = Check　　= 確認
步驟 4　　　A = Action　 = 處置

在進行實驗時，也仍然可以適用此想法進行實驗。最好也是按照如下的 4 個步驟進行。

I　　實驗的計畫研擬　　　（P）
II　　實驗的實施　　　　　（D）
III　實驗結果的解析　　　（C）
IV　解析結果的活用　　　（A）

■計畫階段的留意點

在實驗計畫的階段，需要留意以下 10 個重點：

1. 實驗的目的（為何實驗）
2. 測量的項目（測量什麼）
3. 實驗的條件（要如何改變什麼）
4. 固定的項目（不改變使之一定的是什麼）
5. 實驗的順序（以何種順序實驗）
6. 實驗的規模（幾次進行實驗）
7. 個體的選定（使用何種物品、受試者、動物）
8. 實施的方法（誰、何時、在何處實施）
9. 解析的方法（如何解析實驗的數據）
10. 活用的預定（如何活用實驗的結論）

■實驗目的的明確化

實驗的目的可以大略分成以下三者：

1. 影響測量值的變動的要因是什麼（要因的探索）
2. 哪一條件會讓最好的結果出現（條件的探索）
3. 要因與測量值有何種關係（關係的探索）

數據的解析方法或實驗的規模，是取決於在上述的哪一個目的下進行實驗而有所不同。

■實驗計畫法的重要性

為了計畫合理的實驗，高精度地解析由實驗所得到的數據，需要實驗計畫法的知識：

1. 實驗數據的收集方法（規劃有效率的實驗的方法論）
2. 實驗數據的解析方法（解析數據的方法論）

數據的收集與數據的解析相互有關係，因此不可獨立思考。實施何種實驗，自然就會決定是何種解析方法。因此，事先決定想得出何種資訊，為此要進行何種解析，然後要進行何種實驗，如此逆向思考是需要的。實施實驗，收集數據之後，再思考解析方法是錯誤的進行方式。

解析實驗數據的代表性手法即為變異數分析。想理解活用變異數分析，統計解析的基礎知識是需要的。

➢ 實驗計畫法的用語

先解說在實驗計畫法領域中通常使用到的用語。用語的解說是以「JISZ8101」來參考。

■特性值
表示實驗目的之結果的測量項目。

■因子
影響測量值之變異原因可以想出許多，但從中列舉依據實驗目的被認為重要者來計畫實驗。此時列舉的變異原因稱為因子。

■水準
將因子以量的方式或質的方式改變時，指得是它的階段。譬如，將溫度取成因子時，300℃、400℃之值即為它的水準，另外將觸媒的種類取成因子時，它的各種類即為它的水準。

■主效果
一個因子的水準的平均效果。

■交互作用
一個因子的水準的效果，因其他因子的水準而改變，表示此種程度的量。譬如，下圖意指在溫度 20 與 30 時的效果，是使用的材料 B1 或使用 B2 而有不同。此種溫度與材料的組合效果之量稱為交互作用。

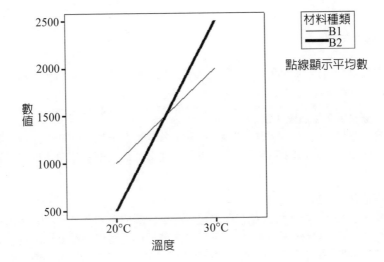

要因效果

材料種類
B1
B2
點線顯示平均數

數值
2500
2000
1500
1000
500

20°C　　　30°C
溫度

■要因效果

　主效果與交互作用之總稱。

■交絡

　2 個以上的要因效果混合在一起無法分離。譬如請看以下的表：

材料	機械	品質
A	1 號機	不良
A	1 號機	不良
B	2 號機	良
B	2 號機	良

　使用 A 材料時，品質成為不良，使用 B 材料時，品質成為良。由此事雖然想判斷品質成為不良的原因是材料，但材料 A 時，機械是使用 1 號機，材料 B 時，是使用 2 號機。因此材料是原因呢？或者機械是原因呢？無法判斷！此種狀態稱為材料與機械形成交絡。

■變異數分析

　將整個測量值的變異，分成對應幾個要因效果之變異，以及剩下的誤差變異後再進行檢定。此一般是製作稱為**變異數分析表**（**ANOVA table**）來進行。

Tea Break

　　實驗配置最麻煩的問題是因子間的因子效應互相混淆，實驗計畫法稱為交絡（confounding）。交絡發生原因有二：

1. 刻意交絡以減少實驗次數

　　部分因子設計就是利用交絡法犧牲了部分情報而降低實驗次數，因此實驗配置完成後，就要檢討考慮所要證實要因的主效果與交互作用會不會互相混淆而無法分離。

2. 不經意發生交絡

　　不管完全或部分因子設計都有可能發生交絡，例如單因子 4 水準 5 重複的實驗配置，因為是單因子所以沒有多因子主效果與交互作用交絡問題，但實驗總共為 20 次實驗不能說少，就可能會引起其他非研究的因子（環境、人機料法等）不經意地產生交絡問題。

➤ 因子的種類

■因子的分類（一）

　　因子的水準能以數量指定的因子稱為量因子，無法以數量指定的因子稱為質因子。譬如，像溫度的因子，第 1 水準是 10℃、第 2 水準是 20℃之類能以數量指定，因此是量因子。相對的，像材料的種類此種因子，第 1 水準是材料 A，第 2 水準是材料 B 之類以定性的方式指定，由於無法以數量指定，所以是質因子。

■因子的分類（二）

　　因子取決於實驗中所列舉的目的，可以如下分類。

1. 控制因子

　　設定幾個水準從中選出最適合的水準作為目的所列舉的因子。

2. 標示因子

　　水準有重現性，雖可設定其水準，但選出最適水準是無意義的，調查與其他的控制因子的交互作用（組合效果）是實驗的目的，此類因子即是。像物品的使用條件或試驗條件等一般大多是標示因子。

3. 集區因子

　　目的是使實驗的精度提高，為了層別實驗的場所而列舉的因子。水準無重現性，因此，與控制因子交互作用也是無意義的。譬如，日、地域、人等，即相當於此。

4.變動因子

在現場（使用的場所）中並無重現性，像雜音發揮作用的因子。列舉此因子，即可評價特性值的安定性等。

■**因子的分類（三）**

像控制或標示因子之類，在技術上可以設定水準的因子稱為母數因子。另一方面，只有在進行實驗時能指定，在通常的場合中無法以技術性指定水準，無重現性的因子稱為變量因子。假定從多數的水準的群體中隨機抽出因子的水準時，該因子即為變量因子。

知識補充站

2 個以上自變項的，其自變項特稱為「因子」，此種實驗設計為多因子實驗設計（Factorial Experiment Design）。

多因子實驗設計時，通常不再分實驗組、控制組，假設在 2 因子實驗時，第一因子的「水準」數，就是實驗分組數，而第二因子，就是「實驗處理」。

4.2 實驗的實施

➢ 實驗的原則

■費雪（Fisher）三原則

為了從實驗結果導出正確的結論，高精度地估計誤差甚為重要。因此，實驗計畫法的創始者費雪提倡要基於如下三原則進行實驗：(1) 原則一：重複（replication）；(2) 原則二：隨機（randomization）；(3) 原則三：局部管制（local control）。

■重複的原則

實驗有需要針對同一事件重複（replication）2 次以上。因為 1 個數據無法評價誤差的大小。

譬如，假定有 2 種高爾夫球 A、B，哪一個球在受到完全相同的打擊時是否飛行良好，各進行 1 次實驗，測量其飛行距離。假定結果如下：

A 的飛行距離 = 80m
B 的飛行距離 = 90m

B 的高爾夫球在進行 1 次實驗時，飛行距離完全成為 90m 的可能性是很低的。因為，實驗中連同測量的誤差包含在內有各種的誤差。因此，此種實驗，10m 是因為 A 與 B 之不同而發生的呢？或是因偶然的變異（誤差）所發生的呢？無法區分。為了評價誤差的大小，在同一條件下的實驗數據需要 2 個以上。

■隨機的原則

今假定列舉溫度作為因子進行實驗。水準數是 3 水準，第 1 水準是 10℃，第 2 水準是 20℃，第 3 水準是 30℃，各水準重複 4 次。

此時，以如下的的順序進行實驗是不行的。

10	20	30
1 號	5 號	9 號
2 號	6 號	10 號
3 號	7 號	11 號
4 號	8 號	12 號

以此種順序進行實驗時，假定 10℃時，得出 4 個數據均是好的結果時，是因爲溫度爲 10℃所以才有良好的結果呢？還是最先實施所以才有良好的結果呢？無法分析。亦即，順序的效果（時間的效果）與溫度的效果發生交絡了。

爲了防止此種不當，實驗以隨機順序是原則。如以隨機順序進行時，順序的影響會隨機地出現在各實驗中，因此即可當作誤差來處理。

爲了執行實驗所使用的材料、裝置、環境條件等稱爲實驗場。使整個實驗場先處於管制狀態，以完全隨機的順序在其中進行實驗稱爲完全隨機化法。進行實驗順序的隨機化，是使各條件所進行的實驗順序在時間上或空間上均以相同的機率加以配列（因此，亂數是需要的）。

另一方面，使用人或動物等實驗時，配置的隨機化是需要的。譬如，有 2 種授課方法（分別當作方法 1、方法 2），想實驗 2 種的授課方法中哪一種的教育效果較高。今假定有學生 100 人，首先有需要將此 100 人隨機地分成各 50 人的 2 組。接著，有需要將其中一組的 50 位學生以方法 1 授課，另一組的學生 50 人以方法 2 授課。這是爲了防止各學生原本具有的能力差異與授課方法之差異發生交絡。

將 100 人隨機分成 2 組的行爲，以另一種觀點來看時，即是將 100 人隨機配置成接受方法 1 授課的組與接受方法 2 授課的組。這是配置的隨機化。

像以上隨機化有實驗順序的隨機化與配置的隨機化。

■局部管制的原則

整個實驗場處於管制狀態爲不可能，或者隨機化爲不可能時，採取將實驗場分割成幾個部分，以局部管理實驗場的方法。此即爲局部管制。將實驗場在內部以較爲均一的實驗單位加以構成時，以時間或空間所分割者稱爲集區（block），對如此所做成的各集區，以隨機順序實施實驗。此種實驗方法與先前的完全隨機化相對，稱爲隨機集區法（或稱亂塊法，randomized blocks design）。

完全隨機化法的實驗順序例

A₁	A₂	A₃
1 號	6 號	4 號
5 號	3 號	10 號
11 號	7 號	9 號
8 號	12 號	2 號

亂塊法的實驗順序例

	A_1	A_2	A_3
集區 1	3 號	2 號	1 號
集區 2	1 號	3 號	2 號
集區 3	2 號	1 號	3 號
集區 4	1 號	3 號	1 號

➤ 實驗的類型

■ 要因實驗

假定列舉使印刷物的光澤提高的實驗作為例子。特性值是光澤度，因子是印刷時的墨水量（因子 A）與印刷紙的厚度（因子 B）2 個。因子 A 當作 2 水準（A_1、A_2），因子 B 也當作 2 水準（B_1、B_2）。尋找光澤度最佳的分析是何種的條件，即為此實驗的目的。

首先，為了發現 A_1 與 A_2 之中何者的光澤度較好，將因子 B 固定在 B_1，進行 A_1 與 A_2 的比較。結果，假定 A_2 較好。接著，此次將因子 A 固定在較好的 A_2，進行 B_1 與 B_2 的比較。結果，假定 B_2 較好。因此，以結論來說，A_2B_2 的條件可使光澤度最好，此種實驗的進行方式由於每次只列舉一個因子，因此稱為單一因子實驗（single factor experiment, one at a time experiment）。

此種實驗方法當 2 個因子之間有交互作用時，有可能會導出錯誤的結論。觀察下表或可了解並未以 A_1A_2 的條件進行實驗之緣故。

	B_1	B_2
A_1	X	
A_2	O	◎

與單一因子實驗相對，列舉 2 個以上的因子，針對這些水準的所有組合進行實驗稱為要因實驗（factorial experiment）。實施要因實驗時，由於可以評估所有的要因效果，所以可以導出正確的結論。

■ 一元配置

就一個因子（A），選出 a 水準 A_1, A_2, …, A_a，各水準分別實驗 n_1, n_2, …, n_a 次，以完全隨機的順序進行合計 $N(= n_1 + n_2 + \cdots n_a)$ 次的實驗，稱為一元的配置實驗（或稱一因子實驗）。

一元配置實驗的數據表如下所示：

一元配置的數據表

A₁	A₂	A₃	...	Aₐ
X11	X21	X31		Xa1
X12	X22	X32		Xa2
.	.	.	...	.

※ 表中的是表示測量值（數據）

■二元配置

　　就 2 個因子 A、B 來說，因子 A 選出 a 水準 A₁、A₂…Aₐ，因子 B 選出 b 水準 B₁、B₂…Bᵦ，就這些的所有水準的組合以完全隨機的順序進行實驗，稱為二元配置實驗（或稱二因子實驗；two factors experiment）。二元配置有同一組合重複 2 次以上實驗，以及只進行 1 次實驗 2 種情形。重複（repetition）之情形稱為有重複的二元配置，無重複稱為無重複的二元配置。

無重複二元配置的數據表

	B₁	B₂	B₃	...	Bᵦ
A₁	X11	X12	X13		X1b
A₂	X21	X22	X23		X2b
.	.	.	.	.	.
Aₐ	Xa1	Xa2	Xa3	...	Xab

有重複二元配置的數據表（重複數為 2 的情形）

	B₁	B₂	B₃	...	Bᵦ
A₁	X111 X112	X121 X122	X131 X132		X1b1 X1b2
A₂	X211 X212	X221 X222	X231 X232		X2b1 X2b2
.	.	.	.		
Aₐ	Xa11 Xa12	Xa21 Xa22	Xa31 Xa32	...	Xab1 Xab2

■重複實驗

實驗計畫中所列舉的一組處理，進行 2 次以上稱為重複，重複（replication）與反覆（repetition）是不同的。今考慮因子 A_4 水準，因子 B_3 水準，重複數 2 的二元配置實驗。總實驗次數 N 是 $4 \times 3 \times 2 = 24$，將此 24 次的實驗以隨機的順序實施即為有重複的二元配置。

相對的，反覆實驗是將無重複的二元配置，反覆 2 次的一種實驗。亦即，24 次的實驗並非以隨機順序進行。首先，將所有組合的實驗先挑一組來實施。此時的實驗次數是 $4 \times 3 = 12$ 次，此以隨機順序進行。此實驗結束之後，再進行一組實驗。此時的實驗順序並非與最初的 12 次相同，而是以新的隨機順序進行。有重複的二元配置與利用反覆實驗的二元配置，數據的解析方法是不同的。

利用重複的二元配置的數據表

	B_1	B_2	B_3	...	...	B_b
A_1	X111	X121	X131			X1b1
A_2	X211	X221	X231			X2b1
A_3	X311	X321	X331			X3b1
:	:	:	:			:
A_a	Xa11	Xa21	Xa31	.	.	Xab1

反覆實驗的二元配置

	B_1	B_2	B_3	...	...	B_b
A_1	X112	X122	X132			X1b2
A_2	X212	X222	X232			X2b2
A_3	X312	X322	X332			X3b2
:	:	:	:			:
A_a	Xa12	Xa22	Xa32	.	.	Xab2

■多元配置

針對 3 個以上因子的所有水準組合以完全隨機順序進行的實驗稱為多元配置實驗。

三元配置實驗的數據表

		C_1	C_2	C_3
A_1	B_1 B_2	X111 X121	X112 X122	X113 X123
A_2	B_1 B_2	X211 X221	X212 X222	X213 X223
A_3	B_1 B_2	X311 X321	X312 X322	X313 X323
A_4	B_1 B_2	X411 X421	X412 X422	X413 X423

　　這是因子 A 為 4 水準，因子 B 為 2 水準，因子 C 為 3 水準，無重複的三元配置實驗的數據表例。

■亂塊法

　　將實驗場分成幾個集區（block），集區內先處於管制狀態，各集區內以隨機的實驗順序進行的實驗稱為亂塊法（randomized blocks design）。

集區因子 B				
B_1	B_2	B_3	B_4	B_5
A_1	A_2	A_5	A_2	A_4
A_2	A_4	A_4	A_1	A_2
A_3	A_3	A_3	A_4	A_5
A_4	A_5	A_1	A_5	A_3
A_5	A_1	A_2	A_3	A_1

　　將日、地域、人等當作集區的甚多。先前的反覆實驗，可以想成將「反覆」當作集區的亂塊法。

■分割法

　　以隨機順序進行整個實驗不可能或不經濟時，即可將實驗順序的隨機化分成幾個階段來進行。此種實驗方法稱為分割法（split-spot design），此種實驗稱為分割實驗。

　　介紹列舉 2 個因子的分割法例。今有兩個因子 A、B，實驗順序的隨機化有困難的因子假定是 A。此種時候，先分割成已配置好 A 的水準的實驗單位，再將 B 水準隨機配置。然後，要以 A 的哪一水準進行實驗採隨機決定，接著，以 B 的哪一水準進行實驗亦採隨機決定。

A_1	B_1	B_3	B_4	B_2
A_3	B_4	B_1	B_3	B_2
A_2	B_3	B_2	B_1	B_4

A_2	B_1	B_2	B_3	B_4
A_1	B_3	B_2	B_4	B_1
A_3	B_2	B_4	B_3	B_1

　　分割法中最初隨機化的因子稱為一次因子，接著隨機化的因子 B 稱為二次因子。
　　分割法的實驗誤差分割成一次誤差、二次誤差來求出，即為數據解析上的特徵。

■拉丁儲存格
　　將 n 個不同的字母排列成 n 行 n 列的方形，使各行各列的數字剛好出現一次的配置稱為拉丁儲存格（Latin square）。
　　譬如，考慮列舉 3 個因子的實驗。各因子均為 4 水準，因子間的交互作用假定不存在時，使用 4×4 的拉丁儲存格，如下進行實驗即可。

	B_1	B_2	B_3	B_4
C_1	A_4	A_1	A_2	A_3
C_2	A_1	A_2	A_3	A_4
C_3	A_2	A_3	A_4	A_1
C_4	A_3	A_4	A_1	A_2

　　此實驗有如下性質：
1. * 以 B_1 進行實驗時，A 的水準 A_1、A_2、A_3、A_4、A_5 全部只出現一次。
2. 以 B_1 進行實驗時，C 的水準 C_1、C_2、C_3、C_4、C_5 全部只出現一次。

3. * 對於以 B_2、B_3、B_4 進行的實驗也是一樣的。

　　從這些性質，即可求出 A、B、C 的主效果。此實驗的次數是 16 次，但是如果進行通常的三元配置實驗時，需要 4×4×4 = 64 次的實驗。像這樣，在交互作用不存在的假定下，比要因實驗以更少的次數實施實驗的方法稱為部分實施法（fractional factorial design）。

■直交配列表

　　就任意的 2 個因子來說，其水準的所有組合均同數出現，此種實驗的配量表稱為直交配列表（orthogonal design）。經常使用的直交配列表有 2 水準與 3 水準。如使用直交配列表時，即可容易計畫部分實施法的實驗。

直交配列表例

1	2	3	4	5	6	7	8	9	10	11	12	13	14	15
1	1	1	1	2	1	1	1	1	1	1	1	1	1	1
1	1	1	1	2	1	1	2	2	2	2	2	2	2	2
1	1	1	2	1	2	2	1	1	1	1	2	2	2	2
1	1	1	2	1	2	2	2	2	2	2	1	1	1	1
1	2	2	1	2	2	1	1	2	2	1	1	2	2
1	2	2	1	2	2	2	1	1	2	2	2	2	1	1
1	2	2	2	1	1	1	1	1	2	2	2	2	1	1
1	2	2	2	1	1	1	2	2	1	1	1	1	2	2
1	1	2	1	2	1	2	1	2	1	2	1	2	1	2
1	1	22	1	2	1	2	2	1	2	1	2	1	2	1
1	1	2	2	1	2	1	1	2	1	2	2	1	2	1
1	1	2	2	1	2	1	2	1	2	1	1	2	1	2
1	2	1	1	2	2	1	1	2	1	1	1	2	2	1
1	2	1	1	2	2	1	2	1	2	2	2	1	1	2
1	2	1	2	1	2	1	2	1	1	1	2	1	2
1	2	1	2	1	2	2	1	2	2	1	2	2	1
a	b	ab	c	ac	bc	abc	d	ad	bd	abd	cd	cd	bcd	Abcd

Tea Break

　　直交表常用在實驗計畫中以簡化實驗，使用直交表有下列優點：(1) 大幅減少實驗次數；(2) 資料分析簡單。在此所謂直交性（orthogonality）意指各因子平衡配置且各因子可獨立分析。

　　從直交表可以發現每個因子水準的配置數量是相同的，我們稱之為「平衡」。另外，根據上面的直交表，當在分析因子 1 對實驗結果的影響時，我們可以將實驗 1 ＋ 2 的平均值與 3 ＋ 4 的平均值比較即可，不必擔心因子 2、3 是否在其中干擾，因為在實驗 1 ＋ 2 中，因子 2 的水準 1,2 出現的次數，與 3 ＋ 4 中因子 2 的水準 1,2 出現的次數相等，我們稱此為可獨立分析之特性。

　　直交表所配置的實驗具有上述的平衡配置與可獨立分析之特性，稱之為直交性。

列　實驗數	1	2	3
1	1	1	1
2	1	2	2
3	2	1	2
4	2	2	1

第 5 章
一元配置實驗分析

本章內容

5.1 一元配置實驗的計量與解析

➤ 實驗順序的隨機化

例題 5-1

以提高某產品的伸縮強度的條件來說，決定列舉硬化劑的種類當作因子進行實驗。

實驗中所列舉的硬化劑全部有 4 種，考察各硬化劑分別當作 A_1、A_2、A_3、A_4，4 水準的一元配置實驗。各水準各重複 5 次進行合計 20 次的實驗。試決定此 20 次的實驗順序。

A_1	A_2	A_3	A_4
①	⑥	⑪	⑯
②	⑦	⑫	⑰
③	⑧	⑬	⑱
④	⑨	⑭	⑲
⑤	⑩	⑮	⑳

表中的圓圈數字表示實驗號碼。

■一元配置實驗

一元配置實驗，是從影響某測量值的原因之中，只列舉 1 個因子，選出 a 個水準 $A_1, A_2, \cdots, A_a$，分別為 $n_1, n_2, \cdots, n_a$ 次，以實驗隨機順序進行合計 $N = \Sigma n_i$ 次的實驗。

進行此種實驗時，將 n_i 作為各水準中實驗的重複數。當 $n_1 = n_2 = \cdots = n_a = n$ 時，稱為重複數相等的一元配置。

■利用 EXCEL 實驗順序的決定

1.步驟1：實驗號碼與亂數的輸入

從儲存格 A2 到 A21 輸入實驗順序（1 到 20 的連號），儲存格 B2 到 B21 輸入水準，儲存格 C2 到 C21 輸入產生亂數的函數 RAND( )。

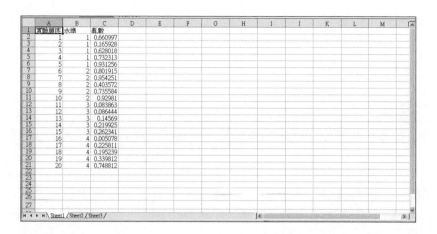

【儲存格內容】

C2; = RAND( )（從 C2 到 C21 以拖曳複製）

註：以拖曳複製是指將游標移至儲存格右下角出現＋號，按住儲存格再拖移。

2.步驟2：數據的重排

從 B1 到 C21 當作數據範圍，以亂數重排數據。具體言之，以如下步驟進行：

(1) 拖移 B1 到 C21。

(2) 從清單中選擇〔資料〕→〔排序〕。

(3) 以〔排序方式〕來說，選擇〔亂數〕。

實施重排時，亂數會再發生，雖然與最初的亂數不一樣，但忽略也無妨。

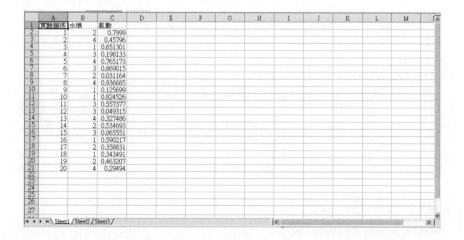

實驗順序 1 的地方的水準是 2。因此，最初以 A_2 實施實驗。接著，按 A_4, A_1, …依序去實施。

➤ 變異數分析的理論

例題 5-2

以提高某產品的伸縮強度的條件來說，列舉硬化劑的種類作為因子進行實驗。

實驗中列舉的硬化劑全部有 4 種，各硬化劑分別當作 A_1、A_2、A_3、A_4 4 水準實施一元配置實驗。各水準的重複數當作 5 次，以隨機順序進行合計 20 次的實驗。經由實驗所得出的數據（伸縮強度）如以下數據表。試求因子引起的變動與誤差引起的變動。

A_1	A_2	A_3	A_4
30	32	36	31
31	33	32	30
26	29	34	32
27	28	35	27
29	29	36	30

此處解說變異數分析的基礎理論。

最初先在EXCEL中輸入水準與數據。水準輸入到A行，數據輸入到B行。

先求出 $N = 20$ 個的數據的全體的偏差平方和 S_T。各數據當作 y_{ij}，全體的平均當作 $\bar{\bar{y}}$，

$$S_T = \sum_{i}^{a} \sum_{j}^{n} \left(y_{ij} - \bar{\bar{y}} \right)^2$$

i 是表示水準之足碼，j 是表示各水準內實驗的重複之足碼，a 是水準數，n 是重複數。本例題 a 是 4，n 是 5

$$i = 1, 2, 3, 4 \qquad j = 1, 2, 3, 4, 5$$

此處使用 EXCEL，計算平方和 S_T 看看。在儲存格 H1 輸入計算平方和之函數 DEVSQ。

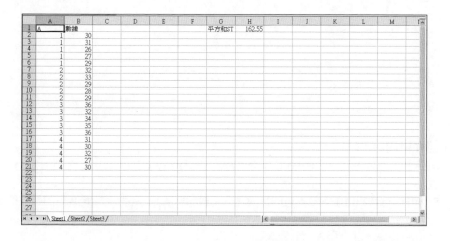

【儲存格內容】

H1;=DEVSQ(B2:B21)

得出 $S_T = 162.55$。

此處，將數據分解成各水準中的平均值以及各水準內因重複引起的變異（實驗誤差），數據的構造假想如下：

實驗數據 (y_{ij}) ＝ 各水準中的平均 (μ_i) ＋ 實驗誤差 (ε_{ij})

像這樣，將數據分解成所列舉的因子之效果與實驗誤差並以式子表示者，稱為數據的構造模型或構造式。

各水準的母平均 μ_i，從各水準的數據，可以如下估計：

$$\hat{\mu}_i = \overline{y}_i = \frac{\sum_i^{n_i} y_{ij}}{n_i}$$

μ_i 的估計量以 $\hat{\mu}_i$ 表示，$\hat{\mu}_i$ 是水準 i 的平均值。

使用 EXCEL，計算 C 行的各水準的平均值看看。

	A	B	C	D	E	F	G	H	I	J	K	L	M	
1	A	數據	平均值				平方和ST	162.55						
2	1	30	28.6											
3	1	31	28.6											
4	1	26	28.6											
5	1	27	28.6											
6	1	29	28.6											
7	2	32	30.2											
8	2	33	30.2											
9	2	29	30.2											
10	2	28	30.2											
11	2	29	30.2											
12	3	36	34.6											
13	3	32	34.6											
14	3	34	34.6											
15	3	35	34.6											
16	3	36	34.6											
17	4	31	30											
18	4	30	30											
19	4	32	30											
20	4	27	30											
21	4	30	30											
22														
23														
24														
25														
26														
27														

Sheet1 / Sheet2 / Sheet3 /

【儲存格內容】

C2;=SUMIF(A:A,A2,B:B)/COUNT(A:A,A2)（將 C2 從 C3 複製到 C21。）

註：

SUMIF(A:A,A2,B:B) → 在 A 行的數據之中，對於與 A2 一致者，計算 B 行的數據的合
計值

COUNT(A:A,A2) → 在 A 行的數據之中，累計與 A2 一致的表格的個數

此處，將各個數據 y_{ij} 與全體平均 $\overline{\overline{y}}$ 之偏差 $y_{ij} - \overline{\overline{y}}$，以各水準的平均值 $\overline{y}_{i\bullet}$
為媒介，如下加以分解。

$$y_{ij} - \overline{\overline{y}} = \left(y_{ij} - \overline{y}_{i\bullet}\right) + \left(\overline{y}_{i\bullet} - \overline{\overline{y}}\right) \qquad （式 1）$$

右邊第 1 項是表示水準內的實驗誤差，第 2 項是表示各水準的平均值與全體
的平均值之差。

此處，將剛才的數據的構造模型如下改寫。

$$y_{ij} = \mu_i + \varepsilon_{ij}$$
$$= \mu + \left(\mu_i - \mu\right) + \varepsilon_{ij}$$
$$= \mu + \alpha_i + \varepsilon_{ij}$$

μ 是全體的平均，因爲是 μ_1, μ_2, $\cdots$, μ_a 的平均，所以稱爲一般平均，α_i 是 μ 與 μ 之偏差，稱爲 A_i 水準的效果或 A 的主效果。

由以上來看，式 1 的第 2 項 $(\bar{y}_{i\bullet} - \bar{\bar{y}})$ 是主效果 α_i 的估計值。並且，第 1 項 $(y_{ij} - \bar{y}_{i\bullet})$ 是實驗誤差 ε_{ij} 的估計值。

使用 EXCEL，於 D 行計算實驗誤差，E 行計算主效果的各估計值。

	A	數據	平均值	誤差	主效果		平方和ST	162.55
1	A	數據	平均值	誤差	主效果		平方和ST	162.55
2	1	30	28.6	1.4	-2.25			
3	1	31	28.6	2.4	-2.25			
4	1	26	28.6	-2.6	-2.25			
5	1	27	28.6	-1.6	-2.25			
6	1	29	28.6	0.4	-2.25			
7	2	32	30.2	1.8	-0.65			
8	2	33	30.2	2.8	-0.65			
9	2	29	30.2	-1.2	-0.65			
10	2	28	30.2	-2.2	-0.65			
11	2	29	30.2	-1.2	-0.65			
12	3	36	34.6	1.4	3.75			
13	3	32	34.6	-2.6	3.75			
14	3	34	34.6	-0.6	3.75			
15	3	35	34.6	0.4	3.75			
16	3	36	34.6	1.4	3.75			
17	4	31	30	1	-0.85			
18	4	30	30	0	-0.85			
19	4	32	30	2	-0.85			
20	4	27	30	-3	-0.85			
21	4	30	30	0	-0.85			

【儲存格內容】

D2;=B2-C2 （將 D2 從 D3 複製到 D21。）

E2;=C2-AVERAGE(B:B)（將 E2 從 E3 複製到 E21。）

將式 1 代入求全體數據平方和 S_T 之式子中並整理時，得出如下式子。

$$S_T = \sum_i^a \sum_j^n \left(y_{ij} - \bar{\bar{y}}\right)^2 = \sum_i^a \sum_j^n \left\{(y_{ij} - \bar{y}_{i\bullet}) + (\bar{y}_{i\bullet} - \bar{\bar{y}})\right\}^2$$

$$= \sum \sum (y_{ij} - \bar{y}_{i\bullet})^2 + n \sum_i^a (\bar{y}_{i\bullet} - \bar{\bar{y}})^2$$

右邊的第 1 項是各水準的平方和之合計稱爲誤差平方和，第 2 項是水準間之平方和的合計稱爲組間平方和或因子 A 的平方和，分別以 S_e、S_A 表示。另外 S_T 因爲是全體的平方和，稱爲總平方和。

使用 EXCEL，在儲存格 H2 與 H3 分別計算 D 行（實驗誤差）的平方和，E 行（主效果）的平方和。

	A	數據	平均值	誤差	主效果		平方和ST	162.55
1	A	數據	平均值	誤差	主效果		平方和ST	162.55
2	1	30	28.6	1.4	-2.25		Se	61.20
3	1	31	28.6	2.4	-2.25		SA	101.35
4	1	26	28.6	-2.6	-2.25			
5	1	27	28.6	-1.6	-2.25			
6	1	29	28.6	0.4	-2.25			
7	2	32	30.2	1.8	-0.65			
8	2	33	30.2	2.8	-0.65			
9	2	29	30.2	-1.2	-0.65			
10	2	28	30.2	-2.2	-0.65			
11	2	29	30.2	-1.2	-0.65			
12	3	36	34.6	1.4	3.75			
13	3	32	34.6	-2.6	3.75			
14	3	34	34.6	-0.6	3.75			
15	3	35	34.6	0.4	3.75			
16	3	36	34.6	1.4	3.75			
17	4	31	30	1	-0.85			
18	4	30	30	0	-0.85			
19	4	32	30	2	-0.85			
20	4	27	30	-3	-0.85			
21	4	30	30	0	-0.85			

【儲存格內容】

H2;=DEVSQ(D:D)

H3;=DEVSQ(E:E)

得出

$$S_e = 61.20$$
$$S_A = 101.35$$

因此，可以確認下式是成立的。

$$S_T = S_e + S_A$$

以相反的看法來說，可以將全體的平方和（162.55）分解成因子 A 的平方和（101.35）與誤差的平方和（61.20）。

Note

5.2 數據解析的實務

➢ 質因子的情形

例題 5-3（例題 5-2 的再揭示）

以提高某產品的伸縮強度的條件來說，列舉硬化劑的種類作爲因子進行實驗。實驗中列舉的硬化劑全部有 4 種，各硬化劑分別當作 A_1、A_2、A_3、A_4 4 水準實施一元配置實驗。各水準的重複數當作 5 次，以隨機順序進行合計 20 次的實驗。經由實驗所得出的數據（伸縮強度）如以下數據表。試解析數據。

A_1	A_2	A_3	A_4
30	32	36	31
31	33	32	30
26	29	34	32
27	28	35	27
29	29	36	30

■數據的圖形表現

像是硬化劑的種類此種質因子的情形時，首先製作如下方的圖形（點圖）：

1. 並無遠離之值，各水準的變異似乎相等。
2. 各水準的母平均似乎有差異。
3. A_3 的平均值是最高的。

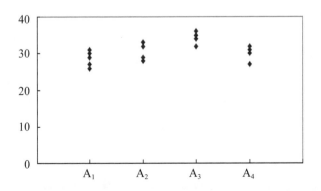

■圖形的製作步驟

1.步驟1：數據的輸入

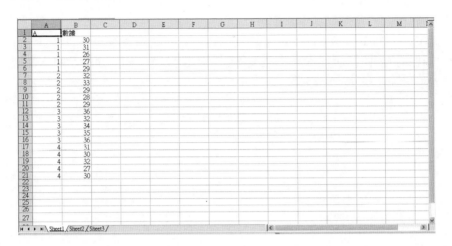

2.步驟2：圖形的製作

(1) 拖移數據的範圍（從儲存格 A1 到 B21）。

(2) 圖形的種類選擇〔XY 散布圖〕。

(3) 圖形的形式選擇如下形式：〔格線〕是保持不勾選的狀態，〔圖例〕是去除〔顯示圖例〕的勾選。

以上的操作，可以做成如下的圖形。

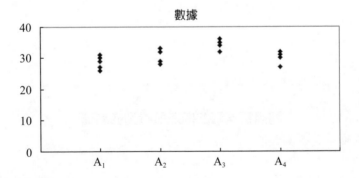

3.步驟3：圖形的製作

(1) 按兩下縱軸的刻度，叫出〔座標軸格式〕。〔刻度〕的〔最小值〕是從 0 可變更成適當的數值，此處設為 0。

(2) 按兩下橫軸的刻度，叫出〔座標軸格式〕，將〔座標軸選項〕的〔刻度〕〔標籤〕當成〔無〕。

(3) 按一下圖形，點一下 ⊕ 出現〔圖表項目〕，點選〔座標軸標題〕。
在〔座標軸標題〕之中輸入水準記號（$A_1 A_2 A_3 A_4$）。

(4) 將標題的寬度適當地調節。

經由以上的操作，前面所顯示的圖形利用散布圖的製作機能即可製作。另外，利用折線圖的製作機能也能製作圖形，但此時，如下面所示將水準取成行，各行輸入各水準的數據。

	A	B	C	D	E
1	A1	A2	A3	A4	
2	30	32	36	31	
3	31	33	32	30	
4	26	29	34	32	
5	27	28	35	27	
6	29	29	36	30	
7					

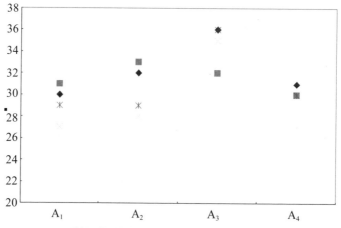

利用折線圖的機能所得到的點圖

先做成折線圖，之後再消去線。

■等變異性的確認

變異數分析是假定各水準的變異數相等。因此有需要確認此假定可否成立。通常可以觀察像剛才的圖形，以及以數據背後的技術上、學理上的知識來判斷，但利用檢定也能確認，今說明此方法。

今水準數設為 a，各水準的母變異數設為 σ_i^2 時，考察進行以下的假設檢定。

虛無假設 $H_0：\sigma_1^2 = \sigma_2^2 = \cdots = \sigma_i^2$
對立假設 $H_1：$ 並非 H_0

各水準的母平均是否相等的檢定，有 Cochran 檢定、Hartley 檢定、Bartlett 檢定。

此處，基於 EXCEL 的執行方便，列舉 Bartlett 檢定。

■Bartlett 檢定

各水準的數據數設為 n_i，自由度設為 ϕ_i。

$$\phi_T = \sum \phi_i \quad, V = \frac{\sum \phi_i V_i}{\phi_T}$$

檢定統計 B 是

$$B = \frac{1}{W}\left(\phi_T \ln V - \sum \phi_i \ln V_i\right)$$

此處 $W = 1 + \frac{1}{3(a-1)} * \left(\sum \frac{1}{\phi_i} - \frac{1}{\phi_T}\right)$

B 是服從自由度 $a - 1$ 的 χ^2 分配。

■利用 EXCEL 的 Bartlett 檢定

1.步驟1：準備

數據如「圖形的製作步驟」的步驟 3 輸入。

　　儲存格 Q2 輸入水準數。從儲存格 Q3 到 T3 輸入因子名稱「A」，儲存格 Q4 到 T4 輸入水準。這是爲了使用資料庫函數求出各水準的變異數所需要的設定。

2.步驟2：計算式的輸入

	P	Q	R	S	T	U	V	W	X	Y	Z	AA	AB	A
1	等變異性的檢定 (Bartlett檢定)													
2	水準數	4												
3	因子名	A	A	A	A									
4	水準	1	2	3	4									
5	自由度 ϕ	4	4	4	4									
6	變異數V	4.3	4.7	2.8	3.5									
7	ϕ v	17.2	18.8	11.2	14									
8	ϕ T	16												
9	VT	3.82500												
10	LN〈V〉	1.45862	1.54756	1.02962	1.25276									
11	ϕ LN〈V〉	5.83446	6.19025	4.11848	5.01105									
12	1/ϕ	0.25	0.25	0.25	0.25									
13	W	1.104167												
14	χ^2值	0.281385												
15	p值	0.963491												
16														
17														
18														
19														
20														

【儲存格內容】

Q5;=DCOUNT($A$1:$B$21,$A$1,Q3:Q4)-1（將 Q5 從 R5 複製到 T5）

Q6;=DVAR($A$1:$B$21,$B$1,Q3:Q4)　　　（將 Q6 從 R6 複製到 T6）

Q7;=Q5*Q6

Q8;=SUM(Q5:T5)

Q9;=SUM(Q7:T7)/Q8

Q10;=LN(Q6)

Q11;=Q5*Q10

Q12;=1/Q5

Q13;=1+(SUM(Q12:T12)-1/Q8)/(3*(Q2-1))

Q14;=(Q8*LN(Q9)-SUM(Q11:T11))/Q13

Q15;=CHIDIST(Q14,Q2-1)

■結果的看法

　　因爲 P 值 = 0.963491 > 0.05，所以虛無假設未被否定。亦即，各水準的變異數不能沒有差異。

■變異數分析

　　今水準數設爲 a，各水準的母平均數爲 μ_i，檢定如下的假設即爲變異數分析。

虛無假設 H_0：$\mu_1 = \mu_2 = \cdots = \mu_a$
對立假設 H_1：並非 H_0

對本例題的數據應用變異數分析時，可以得出如下的變異數分析表。

變異數分析表

要因	平方和	自由度	變異數	F 值	F(0.05)	P 值
A 誤差	101.35 61.20	3 16	33.783 3.825	8.832	3.229	0.00110
計	162.55	19				

■結果的看法

P 值 = 0.0011 < 0.05，所以否定虛無假設。（F 值 = 8.832 > 3.239，所以否定虛無假設。）亦即，各水準的母平均可以說明有差異。（註：虛無假設 H_0 被否定，在變異數分析中是指「因子 A 顯著」。）

■利用 EXCEL 的一元配置

1.步驟 1：數據的輸入

2.步驟2：計算各水準的平均值、誤差、主效果

	A	數據	平均值	誤差	主效果	F	G	H	I	J	K	L	M	
1	A													
2	1	30	28.6	1.4	-2.25									
3	1	31	28.6	2.4	-2.25									
4	1	26	28.6	-2.6	-2.25									
5	1	27	28.6	-1.6	-2.25									
6	1	29	28.6	0.4	-2.25									
7	2	32	30.2	1.8	-0.65									
8	2	33	30.2	2.8	-0.65									
9	2	29	30.2	-1.2	-0.65									
10	2	28	30.2	-2.2	-0.65									
11	2	29	30.2	-1.2	-0.65									
12	3	36	34.6	1.4	3.75									
13	3	32	34.6	-2.6	3.75									
14	3	34	34.6	-0.6	3.75									
15	3	35	34.6	0.4	3.75									
16	3	36	34.6	1.4	3.75									
17	4	31	30	1	-0.85									
18	4	30	30	0	-0.85									
19	4	32	30	2	-0.85									
20	4	27	30	-3	-0.85									
21	4	30	30	0	-0.85									

【儲存格內容】

C2;=SUMIF(A:A,A2,B:B)/COUNTIF(A:A,A2) （將 C2 由 C3 複製到 C21）

D2;=B2-C2 　　　　　　　　　　　　　（將 D2 由 D3 複製到 D21）

E2;=C2-AVERAGE(B:B) 　　　　　　　　（將 E2 由 E3 複製到 E21）

3.步驟3：變異數分析的製作

	G	H	I	J	K	L	M	N	O	
1	水準數	4								
2										
3	變異數分析表									
4	要因	平方和	自由度	變異數	F值	f(0.05)	p值			
5	A	101.35	3	33.783	8.832	3.239	0.0011			
6	誤差	61.2	16	3.825						
7	計	162.55	19							
8										
9										
10										

【儲存格內容】

H1;=4(水準數)

H5;=DEVSQ(E:E)

H6;=H7-H5

H7;=DEVSQ(B:B)

I5;=H1-1

I6;=I7-I5

I7;=COUNT(B:B)-1
J5;=H5/I5
J6;=H6/I6
K5;=J5/J6
L5;=FINV(0.05,I5,I6)
M5;=FDIST(K5,I5,I6)

■母平均的估計

變異數分析因爲只檢定水準內有無差異，爲了了解各水準的母平均之值與水準間的母平均之差是多少，有需要進行估計。

各水準的母平均的估計可以用下式求出。

$$點估計：\hat{\mu}_i = \overline{y}_{i\bullet}$$

信賴係數 $(1-\alpha)$ 的區間估計：$\overline{y}_{i\bullet} \pm t(\phi_e, \alpha)\sqrt{\dfrac{V_e}{n_i}}$

■利用 EXCEL 估計母平均

	G11	▼	fx	水準					
	G	H	I	J	K	L	M	N	O
10	母平均的區間估計			信賴係數					
11	水準	數據數	點估計	寬度	信賴上限	信賴下限			
12	1	5	28.6	1.8542	26.7458	30.4542			
13	2	5	30.2	1.8542	28.3458	32.0542			
14	3	5	34.6	1.8542	32.7458	36.4542			
15	4	5	30	1.8542	28.1458	31.8542			
16									
17									
18									
19									

H ◀ ▶ H \ Sheet1 / Sheet2 / Sheet3 /

就緒　　　　　　　　　　　　　　　　　　　　　CAPS NUM

【儲存格內容】

K10;0.95（信賴係數）

從 G12 到 G15 輸入水準號碼

H12;=COUNTIF(A:A,G12)　　　　　　　　（將 H12 從 H13 複製到 H15）

I12;=SUMIF(A:A,G12,B:B)/H12　　　　　（將 I12 從 I13 複製到 I15）

J12;=TINV(1-$K$10,$I$6)*SQRT($J$6/H12)（將 J12 經 J13 複製到 J15）

K12;=I12-J12　　　　　　　　　　　　（將 K12 從 K13 複製到 K15）

L12;=I12+J12　　　　　　　　　　　　（將 L12 從 L13 複製到 L15）

■結果的看法

各水準的母平均的區間估計（信賴係數 95%）如下。

$$A1 : 26.75 \leq \mu_1 \geq 30.45$$
$$A2 : 28.35 \leq \mu_2 \geq 32.05$$
$$A3 : 32.75 \leq \mu_3 \geq 36.45$$
$$A4 : 28.15 \leq \mu_4 \geq 31.85$$

■估計結果的圖形表現

區間估計的結果可以用如下的圖形來表現。

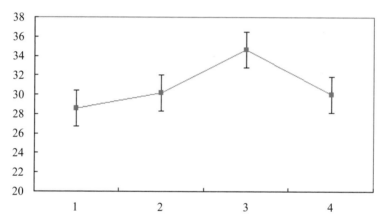

此圖形的製作步驟如下：

1. 從儲存格 G12 到 G15，I12 到 I15 當作數據範圍製作折線圖。

2. 在所做成的折線圖上按一下，旁邊出現 ▨ 。點一下誤差線，再點其他
   選項。

3. 選擇〔垂直誤差線〕的〔自訂〕，點開指定值，在「正錯誤值」與「負錯誤值」的雙方均指定 J12 到 J15 以計算寬度之值。

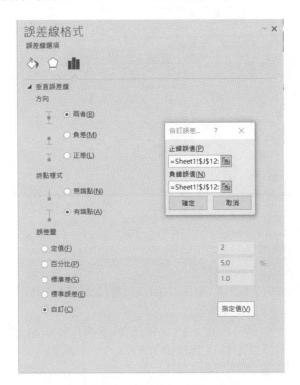

■母平均之差的估計

2 個水準 A_i 與 A_j 的母平均之差的估計可以用下式求出。

點估計：$\hat{\mu}_i - \hat{\mu}_j = \bar{y}_{i\bullet} - \bar{y}_{j\bullet}$

信賴係數 $(1 - \alpha)$ 的區間估計：$(\bar{y}_{i\bullet} - \bar{y}_{j\bullet}) \pm t(\phi_e, \alpha)\sqrt{\left(\dfrac{1}{n_i} + \dfrac{1}{n_j}\right)V_e}$

■利用 EXCEL 估計母平均之差

	G	H	I	J	K	L	M	N	O
	G20		▼	fx	水準(1)				
19	水準間的母平均之差的檢定			信賴係數	0.95				
20	水準(1)	水準(2)	差	寬度	信賴上限	信賴下限			
21	1	2	-1.6	2.6222	-4.2222	1.0222			
22	1	3	-6	2.6222	-8.6222	-2.3778			
23	1	4	-1.4	2.6222	-4.0222	1.2222			
24	2	3	-4.4	2.6222	-7.0222	-1.7778			
25	2	4	0.2	2.6222	-2.4222	2.8222			
26	3	4	4.6	2.6222	1.9778	7.2222			
27									
28									

Sheet1 / Sheet2 / Sheet3

就緒　　　　　　　　　　　　　　　　　　　　CAPS NUM

【儲存格內容】

K19;0.95（信賴係數）

從 G21 到 H26 輸入水準號碼。

I21;=INDEX($I$12:$I$15,G21)-INDEX($I$12:$I$15,H21)

（將 I21 從 I22 複製到 I26）

J21;=TINV(1-$K$19,$I$6)*SQRT($J$6*(1/INDEX($H$12;$H$15,G21)+1/
　　INDEX($H$12:$H$15,H21)))

（將 J21 由 J22 複製到 J26）

K21;=I21-J21　　　　（將 K21 由 K22 複製到 K26）

L21;=I21+J21　　　　（將 L21 由 L22 複製到 L26）

■結果的看法

母平均之差的區間估計（信賴係數 95%）如下。

$$A_1 - A_2：-4.22 \le \mu_1 - \mu_2 \le 1.02$$
$$A_1 - A_3：-8.62 \le \mu_1 - \mu_3 \le -3.38$$
$$A_1 - A_4：-4.02 \le \mu_1 - \mu_4 \le 1.22$$
$$A_2 - A_3：-7.02 \le \mu_2 - \mu_3 \le -1.75$$
$$A_2 - A_4：-2.42 \le \mu_2 - \mu_4 \le 2.82$$
$$A_3 - A_4：1.98 \le \mu_3 - \mu_4 \le 7.22$$

Tea Break

　　變異數分析（ANOVA）是一種檢定未成對組間平均值差異的分析方法，透過質性的自變量（因子）比較量性因變量的平均值。例如，如果您想找出哪些治療方法對治療某種疾病有效，要分析這些治療方法是否具有不同的平均檢定值。這時，如果有 A 和 B 兩種處理方式，可以透過獨立樣本的 t 檢定比較檢查值的平均值，但如果有 3 種或 3 種以上處理方式，則進行變異數分析。

　　用於比較的質性自變量稱為「因子」。一個因子稱為一元變異數分析，兩個因子稱為二元變異數分析。一元變異數分析，就像獨立樣本的 t 檢定一樣，假設「常態性」，其中量的因變量服從常態分配，「等變異性」，其中每個水平的變異性相似。

　　如果不能滿足這些，需應用其他檢定方法。如果不能滿足常態性，通常使用 Kruskal-Wallis 檢定：如果能不滿足等變異性，通常使用 Welch 檢定。

　　但是，如果透過 ANOVA 發現差異顯著，則僅說明受因素而異，不知道在哪個水平上存在差異。因此，可以使用多重比較法檢定水準之間的差異。

➤ 量因子的情形

例題 5-4

以提高某產品的硬度的條件來說，決定列舉熱處理溫度進行實驗。將熱處理溫度按 110℃、120℃、130℃、140℃改變測量當時的硬度，實施了一元配置實驗（4 水準），由實驗所得到的數據（硬度）如下的數據表，試解析數據。

110℃	120℃	130℃	140℃
22	33	32	26
24	34	31	25
26	33	33	28
25	32	32	28
23	32	32	27

■數據的圖形表現

　　因子像是熱處理溫度之類的量因子時，首先做出如下方的圖形（散布圖），由此圖可以解釋如下事項：

1. 無遠離值，各水準的變異似乎相等。
2. 各水準的母平均似乎有差異。
3. 熱處理與硬度之間似乎可以適配 2 次曲線。

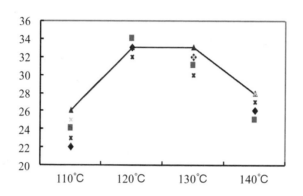

■圖形的製作步驟

　　量因子時，並不是像質因子那樣在 A 行輸入水準號碼，而是輸入水準的具體數值。

	A	B	C	D	E	F	G	H	I	J	K
1	A	數據									
2	110	22									
3	110	24									
4	110	26									
5	110	25									
6	110	23									
7	120	33									
8	120	34									
9	120	33									
10	120	32									
11	120	32									
12	130	32									
13	130	31									
14	130	33									
15	130	32									
16	130	30									
17	140	26									
18	140	25									
19	140	28									
20	140	28									
21	140	27									

　　如上圖先輸入好之後，從儲存格 A1 到 B21 當作範圍製作散布圖即可。

■迴歸曲線的適配

　　量因子時，如在因子與特性值（本例題是硬度）之間試著適配直線或曲線時，最適條件的探索（哪一個溫度使硬度最高）與以下的實驗計畫即能容易成立。

　　在適配直線或曲線方面，雖可應用迴歸分析的手法，但圖形的機能之中具有適配迴歸曲線的可能，可以利用它。

　　具體的步驟如下。首先，點選所做成的散布圍，從清單中選擇〔趨勢線〕→〔其他選項〕。

　　出現趨勢線格式，在〔選項〕的地方，從圖形來看似乎可以套用 2 次曲線，因子選擇〔多項式〕，〔次數〕當作「2」。

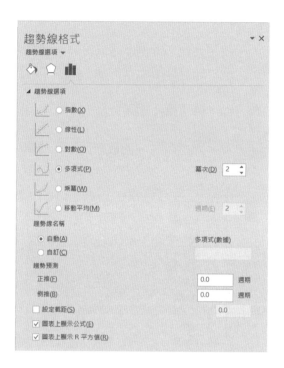

在〔選項〕的地方，選擇〔圖表上顯示公式〕與〔圖表上顯示 R 平方值〕。
經以上的操作即可做出顯示如下之迴歸曲線的散布圖。

$$y = -0.034x^2 + 8.572x - 507.2$$
$$R^2 = 0.8745$$

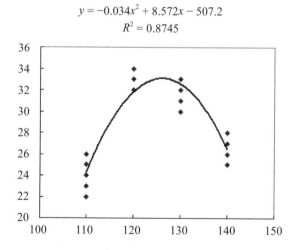

由此圖形可以解釋使硬度最高的溫度似乎是在 120℃～130℃之間。R^2 是
稱爲貢獻率的指標，越接近 1，意謂曲線與數據的適合度越佳。但 R^2 之值

是次數越增加時，即使是無意義的曲線也一定會接近 1，因之只是 R^2 之值是無法決定次數的。

譬如，對此數據套用 3 次曲線時，即如下圖。

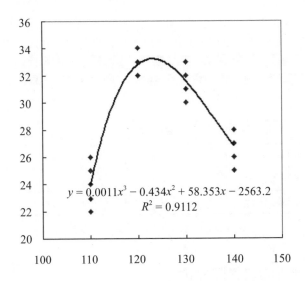

$$y = 0.0011x^3 - 0.434x^2 + 58.353x - 2563.2$$
$$R^2 = 0.9112$$

貢獻率由 0.8745 增加到 0.9112。可是，由此事無法導出不可使用 2 次曲線而應使用 3 次曲線的結論。

■變異數分析

要檢定各溫度中硬度的母平均是否有差異，變異數分析的步驟與質因子的情形相同，可得出如下的變異數分析。

變異數分析表

要因	平方和	自由度	變異數	變異比	F(0.005)	P 值
A 誤差	254.4 24.8	3 16	84.80 1.55	54.31	3.239	1.24158E-08
計	279.2	19				

■結果的看法

P 值 $= 1.24158 \times 10^{-0.8} < 0.05$，因之否定虛無假設。（F 值 $= 54.71 > 3.239$，因之否定虛無假設）。亦即，硬度的母平均可以說因溫度而有差異。

Tea Break

> 一元配置變異數分析通常用於檢定至少 3 個或更多組之間的差異。兩組時，可以透過 t 檢定來處理。當只有兩種方法可以比較時，t 檢定和 F 檢定是等價的。變異數分析的 F 和 t 之間的關係有 $F = t^2$ 的關係。一元配置變異數分析的擴充，若是調查兩種不同分類的自變量對一種因變量的影響稱為二元配置變異數分析。若是調查兩種不同分類的自變量對一種因變量的影響即為多元配置變異數分析。

類型	自變量	因變量
一元配置變異數分析	1	1
二元配置變異數分析	2	1
多元配置變異數分析	2 個以上	1

➤ 利用資料分析的變異數分析

EXCEL 中安裝有稱為「資料分析」的增益集。如利用此資料分析時，不用輸入計算式與函數，即可得出變異數分析表。

■步驟 1：資料的輸入

使用資料分析實施一元配置的變異數分析時，水準取成行，各行中必須輸入各水準的數據。

	A	B	C	D	E	F
1	A1	A2	A3	A4		
2	30	32	36	31		
3	31	33	32	30		
4	26	29	34	32		
5	27	28	35	27		
6	29	29	36	30		
7						
8						

■步驟2：資料分析的叫出

從清單中選擇〔資料〕—〔資料分析〕時，可得出如下的對話框。

註：點選〔資料〕時，無法出現〔資料分析〕時，需要點選〔增益集〕，先選好〔資料分析〕。

■步驟3：變異數分析的選擇與執行

選擇〔單因子變異數分析〕，點選〔確定〕時，出現如下的對話框。

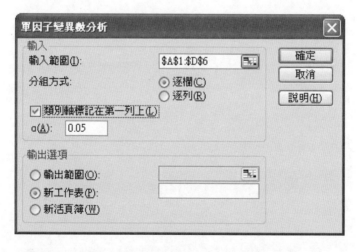

以〔輸入範圍〕來說，輸入數據已被輸入的儲存格範圍，此時是當作「A1：D6」。輸入範圍的上方並非數據，而是標題（A_1，A_2 等），可選擇〔上方當作標記用〕。

在〔輸入選項〕中，要指定從變異數分析的結果能輸出的場所。如未指定時，及自動地插入新表，於此處輸出結果。

　想在希望的場所輸出時，選擇〔輸出範圍〕，在對話框中，輸入想輸出儲存格的左上端。譬如，輸入 $A$8 時，以 $A$8 為上方，會在其右下輸出結果。

　點選〔確定〕時，可得出如下面的輸出結果。

	A	B	C	D	E	F	G	H	I	J	K
7											
8	單因子變異數分析										
9											
10	摘要										
11	組	個數	總和	平均	變異數						
12	A1	5	143	28.6	4.3						
13	A2	5	151	30.2	4.7						
14	A3	5	173	34.6	2.8						
15	A4	5	150	30	3.5						
16											
17											
18	ANOVA										
19	變源	SS	自由度	MS	F	P-值	臨界值				
20	組間	101.35	3	33.78333	8.832244	0.001099	3.238872				
21	組內	61.2	16	3.825							
22											
23	總和	162.55	19								
24											
25											
26											
27											

第 6 章
二元配置實驗分析

本章內容

6.1 無重複的二元配置實驗

➢ 實驗數據的解析

例題 6-1

為了尋找提高某印刷物的光澤度的條件，決定以印刷所使用的墨水種類與墨水濃度當作因子進行實驗。墨水的種類（當作因子 A）全部有 4 種，分別表示成 A_1、A_2、A_3、A_4，墨水的濃度（當作因子 B）按 10%、15%、20%，3 水準改變，各水準表示成 B_1、B_2、B_3。AB 全部有 12 種組合，以隨機順序進行 12 次的實驗。實驗的結果如下。試解釋此實驗數據。

	B_1	B_2	B_3
A_1	48	47	54
A_2	49	50	56
A_3	46	48	51
A_4	44	45	50

註：表中的數據已事先變換，單位是無名數。

■二元配置實驗

　　因子數有兩個時所進行的實驗稱為二元配置實驗。二元配置實驗可大略分成 2 種：
1. 無重複的二元配置實驗
2. 有重複的二元配置實驗
　　今列舉 2 個因子 A 與 B，試考察各因子均為 2 水準時的二元配置實驗，如下表，實驗是以 A_1B_1，A_1B_2，A_2B_1，A_2B_2 的 4 種條件來進行。

	B_1	B_2
A_1	①	②
A_2	③	④

　　此時，對 A 與 B 的所有組合，進行 1 次實驗的方法稱為無重複的二元配

置實驗，以相同條件重複 2 次以上實驗的方法稱爲有重複的二元配置實驗。

實驗的順序，必須隨機進行。以上面的例子來說。譬如，②→③→①→④的順序來進行實驗。

■交互作用

要進行無重複實驗或是有重複實驗的選擇，取決於是否考慮交互作用而定。所謂交互作用是 2 個以上的因子相組合所引起的效果，亦即組合效果之謂。譬如，因子 A 是 A_1 的特性值比 A_2 高，但與因子 B 的 B_1 組合作用時，發生 A_2 比 A_1 高的此種效果。

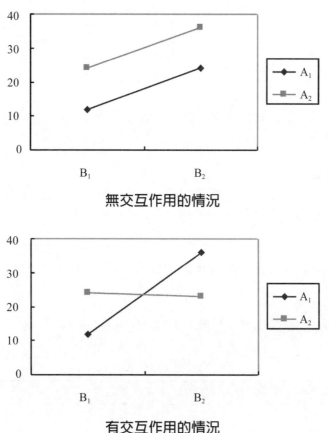

無交互作用的情況

有交互作用的情況

無重複的二元配置實驗，由於是以 A_iB_j 的同一條件只進行 1 次的實驗，因之當某條件的特性值高（或低）時，它是由交互作用引起的呢？還是由誤差引起的呢？無法判斷。

因此，可以預料交互作用存在時可以進行有重複的實驗，可以認為無交互作用時，可以進行無重複的實驗。

■實驗數據的圖形表現

無重複二元配置實驗的數據，可以使用如下的折線圖來表現。

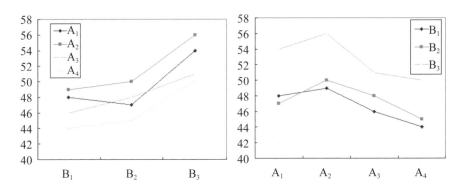

可以解讀因子 A、B 的水準間似乎有差異。並且，知 A_2B_3 是使特性值成為最高的條件。

■數據的構造式

無重複的二元配置實驗，如將因子 A 的第 i 水準 A_i 與因子 B 的第 j 水準 B_j 中的實驗數據當作 y_{ij} 時，數據的構造式可以如下來考慮。

$$y_{ij} = \mu + \alpha_i + \beta_j + \varepsilon_{ij}$$

其中，μ 是表示一般平均，α_i 是 A_i 的效果，β_j 是 B_j 的效果，ε_{ij} 是實驗誤差。

■變異數分析

變異數分析的結果，可以整理成如下的變異數分析表。

變異數分析表

變因	平方和	自由度	變異比	F 值	F(0.05)	P 值
A	45.33	3	15.11	17.548	4.757	0.00225
B	85050	2	42.75	49.645	5.143	0.00019
誤差	5.17	6	0.86			
計	136.00	11				

■結果的看法

1.就因子A

P 值 = 0.00225 < 0.05，所以因子 A 是顯著的。（F 值 = 17.548 > 4.757，所以因子 A 是顯著的。）

2.就因子B

P 值 = 0.00019 < 0.05，所以因子 B 是顯著的。（F 值 = 49.645 > 5.143，所以因子 B 是顯著的。）

因子 A、因子 B 可以說均對光澤度有影響。

■母平均的估計

1. 估計 A_i 的母平均的式子

   (1) 點估計：$\hat{\mu}(A_i) = \bar{y}_{i\bullet} = A_i$ 的平均數

   (2) 信賴係數 $(1 - \alpha)$ 的區間估計：$\bar{y}_{i\bullet} \pm t(\phi_e, \alpha)\sqrt{\dfrac{V_e}{b}}$

   此處，b 是指因子 B 的水準數。

2. 估計 B_j 的母平均的式子

   (1) 點估計：$\hat{\mu}(B_j) = \bar{y}_{\bullet j} = B_j$ 的母平均

   (2) 信賴係數 $(1 - \alpha)$ 的區間估計：$\bar{y}_{\bullet j} \pm t(\phi_e, \alpha)\sqrt{\dfrac{V_e}{a}}$

   此處，a 是因子 A 的水準數。

3. 估計 A_iB_j 組合的母平均的式子（A、B 均顯著時）

   (1) 點估計：$\hat{\mu}(A_iB_j) = \bar{y}_{i\bullet} + \bar{y}_{\bullet j} - \bar{\bar{y}}$
   $= (A_i \text{ 的平均值}) + (B_j \text{ 的平均值}) - (\text{全體的平均值})$

   (2) 信賴係數 $(1 - \alpha)$ 的區間估計：$(\bar{y}_{i\bullet} + \bar{y}_{\bullet j} - \bar{\bar{y}}) \pm t(\phi_e, \alpha)\sqrt{\dfrac{V_e}{n_e}}$

   其中 n_e 稱為有效反覆數，以下式求之。

   $$\frac{1}{n_e} = \frac{1}{b} + \frac{1}{a} - \frac{1}{ab} \quad (\text{伊奈公式})$$

   或者，

   $$n_e = \frac{ab}{\phi_A + \phi_B + 1} \quad (\text{田口公式})$$

   由以上的估計式，可以得出如下的母平均的 95% 信賴區間。

A_1：$48.356 \leq \mu_1 \leq 50.978$
A_2：$50.356 \leq \mu_2 \leq 52.978$
A_3：$47.022 \leq \mu_3 \leq 49.644$
A_4：$45.022 \leq \mu_4 \leq 47.644$
B_1：$45.615 \leq \mu_1 \leq 47.885$
B_2：$46.365 \leq \mu_3 \leq 53.885$
B_3：$51.615 \leq \mu_3 \leq 53.885$
A_1B_1：$45.811 \leq \mu_{11} \leq 49.022$
A_1B_2：$46.561 \leq \mu_{12} \leq 49.772$
A_1B_3：$51.811 \leq \mu_{13} \leq 55.022$
A_2B_1：$47.811 \leq \mu_{21} \leq 51.022$
A_2B_2：$48.561 \leq \mu_{22} \leq 51.772$
A_2B_3：$53.811 \leq \mu_{23} \leq 57.022$
A_3B_1：$44.478 \leq \mu_{31} \leq 47.689$
A_3B_2：$45.228 \leq \mu_{32} \leq 48.439$
A_3B_3：$50.478 \leq \mu_{33} \leq 53.689$
A_4B_1：$42.478 \leq \mu_{41} \leq 45.689$
A_4B_2：$43.228 \leq \mu_{42} \leq 46.439$
A_4B_3：$48.478 \leq \mu_{43} \leq 51.689$

➤ 利用 EXCEL 的數據解析

■ 圖形表現

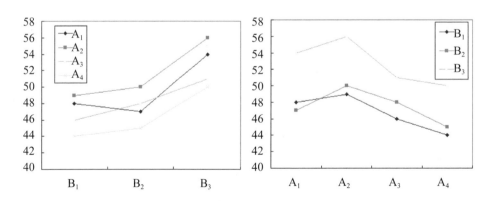

要製作像上面的折線圖，有需要以如下的形式輸入數據。

	A	B	C	D	E	F	G	H	I	J	K
1		B1	B2	B3							
2	A1	48	47	54							
3	A2	49	50	56							
4	A3	46	48	51							
5	A4	44	45	50							
6											
7											
8											
9											
10											

Sheet1 / Sheet2 / Sheet3 /

　　從儲存格 A1 到 D5 當作數據的範圍製作折線圖。折線圖的形式可以選擇

 。

■變異數分析

1.步驟1：資料的輸入

	A	B	C	D	E	F	G	H	I	J	K	L	M
1	A	B	數據										
2	1	1	48										
3	1	2	47										
4	1	3	54										
5	2	1	49										
6	2	2	50										
7	2	3	56										
8	3	1	46										
9	3	2	48										
10	3	3	54										
11	4	1	56										
12	4	2	51										
13	4	3	50										
14													

2.步驟2：計算各因子的主效果

	A	B	C	D	E	F	G	H	I	J	K	L	M
1	A	B	數據	a	b								
2	1	1	48	0.666667	-2.2500								
3	1	2	47	0.666667	-1.5000								
4	1	3	54	0.666667	3.7500								
5	2	1	49	2.666667	-2.2500								
6	2	2	50	2.666667	-1.5000								
7	2	3	56	2.666667	3.7500								
8	3	1	46	-0.66667	-2.2500								
9	3	2	48	-0.66667	-1.5000								
10	3	3	51	-0.66667	3.7500								
11	4	1	44	-2.66667	-2.2500								
12	4	2	45	-2.66667	-1.5000								
13	4	3	50	-2.66667	3.7500								
14													

【儲存格內容】
　D2;=SUMIF(A:A,A2,$C:$C)/COUNTIF(A:A,A2)-AVERAGE($C:$C)
　E2;=SUMIF(B:B,B2,$C:$C)/COUNTIF(B:B,B2)-AVERAGE($C:$C)
　　（將 D2 從 D3 複製到 D13）
　　（將 E2 從 E3 複製到 E13）
3.步驟3：變異數分析表的製作

	G	H	I	J	K	L	M
1		A	B				
2	水準數	4	3				
3							
4	變異數分析表						
5	要因	平方和	自由度	變異數	F值	F (0.05)	p值
6	A	45.33	3	15.11	17.548	4.757	0.00225
7	B	85.5	2	42.75	49.645	5.143	0.00019
8	誤差	5.17	6	0.86			
9	計	136.00	11				
10							
11							
12							

【儲存格內容】
　H2;4（因子 A 的水準數）
　I2;3（因子 B 的水準數）

　H6;=DEVSQ(D:D)
　H7;=DEVSQ(E:E)
　H8;=H9VSQ(H7
　H9;=DEVSQ(C:C)

　I6;=H2-1
　I7;=I2-1
　I8;=I9-I6-I7
　I9;=COUNT(C:C)-1

　J6;=H6/I6
　J7;=H7/I7
　J8;=H8/I8

　K6;=J6/$J$8
　K7;=J7/$J$8
　L6;=FINV(0.05,I6,I8)

L7;=FINV(0.05,I7,I8)
M6;=FDIST(K6,I6,$I$8)
M7;=FDIST(K7,I7,$I$8)

4. 步驟4：估計有關因子A的母平均

	G	H	I	J	K	L	M	N
13	A		信賴係數	0.95				
14	水準	數據數	點估計	寬度	信賴下限	信賴上限		
15	1	3	49.67	1.311	48.356	50.978		
16	2	3	51.67	1.311	50.356	52.978		
17	3	3	48.33	1.311	47.022	49.644		
18	4	3	46.33	1.311	45.022	47.644		
19								
20								

【儲存格內容】
J13;0.95（信賴係數）
H15;=COUNTIF(A:A,G15)
I15;=SUMIT(A:A,G15,C:C)/H15
J15;=TINV(1-$J$13, $I$8)*SQRT($J$8/H15)
K15;=I15-J15
L15;=I15+J15
（將 H15 到 L15 複製到 H16 到 L18）

5. 步驟5：估計有關因子B的母平均

	G	H	I	J	K	L	M	N
21	B		信賴係數	0.95				
22	水準	數據數	點估計	寬度	信賴下限	信賴上限		
23	1	4	46.75	1.135	45.615	47.885		
24	2	4	47.50	1.135	46.365	48.635		
25	3	4	52.75	1.135	51.615	53.885		
26								
27								

【儲存格內容】
J21;0.95（信賴係數）
H23;=COUNTIF(B:B,G23)
I23;=SUMIF(B:B,G23,C:C)/H23

J23;=TINV(1-$J$21,$I$8)*SQRT($J$8/H23)

K23;=I23-J23

L23;=I23+J23

（將 H23 到 L23 複製到由 H24 到 L25）

6. 步驟6：估計有關AB之組合的母平均

	G	H	I	J	K	L	M	N	O
29	組合		信賴係數	0.95	有效反覆數	2			
30	A	B	點估計	寬度	信賴下限	信賴上限			
31	1	1	47.42	1.604547	45.8154526	49.02455			
32	1	2	48.17	1.604547	46.5654526	49.77455			
33	1	3	53.42	1.604547	51.8154526	55.02455			
34	2	1	49.42	1.604547	47.8154526	51.02455			
35	2	2	50.17	1.604547	48.5654526	51.77455			
36	2	3	55.42	1.604547	53.8154526	57.02455			
37	3	1	46.08	1.604547	44.4754526	47.68455			
38	3	2	46.83	1.604547	45.2254526	48.43455			
39	3	3	52.08	1.604547	50.4754526	53.68455			
40	4	1	44.08	1.604547	42.4754526	45.68455			
41	4	2	44.83	1.604547	43.2254526	46.43455			
42	4	3	50.08	1.604547	48.4754526	51.68455			
43									
44									

【儲存格內容】

J29;0.05（信賴係數）

L29;=1/(1/H15+1/H23-1/COUNT(C:C))

I31;=INDEX($I$15:$I$18,G31)+INDEX($I$23:$I$25,H31)-AVERAGE(C:C)

J31;=TINV(1-$J$29-$I$8)*SQRT($J$8/$L$29)

K31;=I31-J31

L31;=I31+J31

（將 I31 到 L31 複製到由 I32 到 L42）

Tea Break

　　使用 INDEX 指令會傳回資料表或陣列中由列和欄號索引選取的元素值。使用 COUNT 函數會計算包含數位的儲存格數目，並計算引數清單中的數位。

➢利用資料分析的變異數分析

解說利用資料分析實施變異數分析的方法。

■步驟1：資料的輸入

使用資料分析實施無重複實驗的雙因子變異數分析，必須如下輸入數據才行。

	A	B	C	D	E	F
1		B1	B2	B3		
2	A1	48	47	54		
3	A2	49	50	56		
4	A3	46	48	51		
5	A4	44	45	50		
6						
7						
8						

■步驟2：叫出資料分析

由清單選擇〔資料〕→〔資料分析〕→〔雙因子變異數分析；無重複試驗〕。

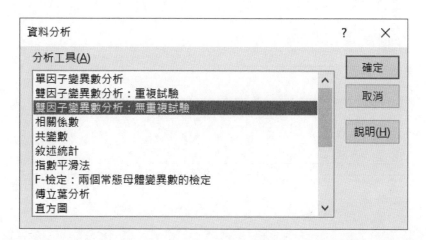

■步驟 3：執行

以〔輸入範圍〕來說，輸入已有數據輸入的儲存格範圍，此情形是〔A1：
D5〕。輸入範圍的前頭不是數據，而是標題（B1，B2 等），用之先點選
〔標記〕。

按〔確定〕時，可得出如下的輸出結果。

	A	B	C	D	E	F	G	H	I	J	K
1	雙因子變異數分析：無重複試驗										
2											
3	摘要	個數	總和	平均	變異數						
4	A1	3	149	49.66667	14.33333						
5	A2	3	155	51.66667	14.33333						
6	A3	3	145	48.33333	6.333333						
7	A4	3	139	46.33333	10.33333						
8											
9	B1	4	187	46.75	4.916667						
10	B2	4	190	47.5	4.333333						
11	B3	4	211	52.75	7.583333						
12											
13											
14	ANOVA										
15	變源	SS	自由度	MS	F	P-值	臨界值				
16	列	45.33333	3	15.11111	17.54839	0.002251	4.757063				
17	欄	85.5	2	42.75	49.64516	0.000185	5.143253				
18	錯誤	5.166667	6	0.861111							
19											
20	總和	136	11								
21											

Note

_____
_____
_____
_____
_____
_____
_____
_____
_____
_____
_____
_____
_____
_____
_____
_____

6.2 有重複的二元配置實驗

➤ 實驗數據的解析

例題 6-2

某車輛零件廠商，為了尋找提高零件強度的條件，決定進行實驗。實驗所列舉的因子是零件的原材料的種類與加工工程的熱處理時間。原材料的種類（當作因子 A）全部有 3 種，分別表成 A_1、A_2、A_3。熱處理時間（當作因子 B），按 30 分、45 分、60 分、75 分的 4 水準改變，各水準表示成 B_1、B_2、B_3、B_4。AB 全部有 12 種組合，重複 2 次，以隨機順序進行合計 24 次的實驗。實驗的結果如下，試解析此實驗數據。

	B_1	B_2	B_3	B_4
A_1	26	28	32	28
	27	30	31	29
A_2	28	30	32	29
	27	30	31	29
A_3	30	30	30	30
	29	31	31	30

註：表中的數據是事前已先變換，單位是無名數。

■ 實驗數據的圖形表現

有重複的二元配置實驗的數據，按同一條件求出平均值，整理成如下的二元表，根據此數據以折線圖表現即可。

AB 的二元表

	B_1	B_2	B_3	B_4
A_1	26.5	29.0	31.5	28.5
A_2	27.5	30.0	31.5	29.0
A_3	29.5	30.5	30.5	30.0

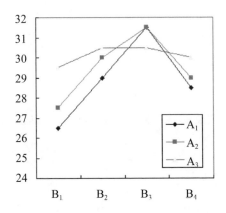 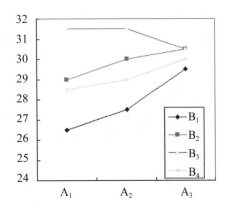

可以解讀因子 A、B 的水準間似乎有差異。並且,知似乎有交互作用。A_1B_3 與 A_2B_3 是有最高特性值的條件。

■數據的結構式

有重複的二元配置實驗,在因子 A 的第 i 水準 A_i 與因子 B 的第 j 水準 B_j 中的實驗數據設為 y_{ijk} 時,數據的構造式可以如下式來考慮。

$$y_{ijk} = \mu + \alpha_i + \beta_j + (\alpha\beta)_{ij} + \varepsilon_{ijk}$$

其中,μ 是一般平均,α_i 是 A_i 的效果,β_j 是 B_j 的效果,$(\alpha\beta)_{ij}$ 是 A_iB_j 的交互作用效果,ε_{ijk} 是實驗誤差。

■變異數分析

變異數分析的結果,可以整理成如下的變異數分析表。

變異數分析表

要因	平方和	自由度	變異數	變異比 F	F(0.05)	P 值
A	6.25	2	3.125	6.250	3.885	0.01381
B	34.67	3	11.566	23.111	3.490	0.00003
A*B	9.08	6	1.514	3.028	2.996	0.04845
誤差	6.00	12	0.500			
計	56.00	23				

■結果的看法
1.關於因子A
P 值 = 0.01381 < 0.05，所以因子 A 是顯著的。（F 值 = 6.250 > 3.885，所以因子 A 是顯著的。）
2.關於因子B
P 值 = 0.00003 < 0.05，所以因子 B 是顯著的。（F 值 = 23.111 > 3.490，所以因子 B 是顯著的。）
3.關於交互作用
P 值 = 0.04845 < 0.05，所以交互作用是顯著的。（F 值 = 3.028 > 2.996，所以交互作用是顯著的。）

■母平均的估計
估計的想法依交互作用之有無而有不同，因之需要注意。
1.交互作用不顯著時
當交互作用不顯著時，與無重複二元配置的情況完全相同來考慮即可。

(1) 估計 A_i 的母平均的式子

①點估計：$\hat{\mu}(A_i) = \bar{y}_{i\bullet} = A_i$ 的平均值

②信賴係數 $(1-\alpha)$ 的區間估計：$\bar{y}_{i\bullet} \pm t(\phi_e, \alpha)\sqrt{\dfrac{V_e}{br}}$

式中，b 是因子 B 的水準數，r 是重複數。

(2) 估計 B_j 的母平均的式子

①點估計：$\hat{\mu}(B_j) = \bar{y}_{\bullet j} = B_j$ 的平均值

②信賴係數 $(1-\alpha)$ 的區間估計：$\bar{y}_{\bullet j} \pm t(\phi_e, \alpha)\sqrt{\dfrac{V_e}{ar}}$

式中，a 是因子 A 的水準數，r 是重複數。

(3) 估計 A_iB_j 組合的母平均的式子（A、B 均為顯著時）

①點估計：$\hat{\mu}(A_iB_j) = \bar{y}_{i\bullet} + \bar{y}_{\bullet j} - \bar{\bar{y}}$
$= (A_i\text{的平均值}) + (B_j\text{的平均值}) - (\text{全體的平均值})$

②信賴係數 $(1-\alpha)$ 的區間估計：$(\bar{y}_{i\bullet} + \bar{y}_{\bullet j} - \bar{\bar{y}}) \pm t(\phi_e, \alpha)\sqrt{\dfrac{V_e}{n_e}}$

式中，n_e 稱為有效反覆數，利用下列求之。

$$\frac{1}{n_e} = \frac{1}{br} + \frac{1}{ar} - \frac{1}{abr} \quad (\text{伊奈公式})$$

或是，

$$n_e = \frac{abr}{\phi_A + \phi_B + 1}\ （田口公式）$$

2. 交互作用顯著時

交互作用顯著時，各因子的估計無意義，組合 2 因子後進行估計。估計 A_iB_j 組合的母平均的式子。

(1) 點估計：$\hat{\mu}(A_iB_j) = \bar{y}_{ij\bullet}$

(2) 信賴係數 $(1-\alpha)$ 的區間估計：$\bar{y}_{ij\bullet} \pm t(\phi_e, \alpha)\sqrt{\dfrac{V_e}{r}}$

➤ 利用 EXCEL 的數據解析

■ 圖形表現

1. 步驟1：數據輸入

	A	B	C	D	E	F	G	H	I	J	K
1	A	B	數據								
2	1	1	27								
3	1	1	27								
4	1	2	28								
5	1	2	30								
6	1	3	32								
7	1	3	31								
8	1	4	28								
9	1	4	29								
10	2	1	28								
11	2	1	27								
12	2	2	30								
13	2	2	30								
14	2	3	32								
15	2	3	31								
16	2	4	29								
17	2	4	29								
18	3	1	30								
19	3	1	29								
20	3	2	30								
21	3	2	31								
22	3	3	30								
23	3	3	31								
24	3	4	30								
25	3	4	30								
26											

2. 步驟2：二元表的製作

從儲存格 A1 到 C25 當作數據的範圍，如執行「樞紐分析表」的機能時，即可做出按 AB 的各組合求出平均值的二元表。

「樞紐分析表」的機能，如從清單選擇〔插入〕→〔樞紐分析表〕後再執行。將 A 移入欄位欄中，B 移入欄位列中，數據移入 Σ 值中。

於樞紐分析表的值欄位設定中，將〔摘要值欄位方式〕指定為〔平均值〕時，即可做出如下的二元表。

	A	B	C	D	E	F	G
1	平均值 的數據	B ▾					
2	A ▾	1	2	3	4	總計	
3	1	26.5	29	31.5	28.5	28.875	
4	2	27.5	30	31.5	29	29.5	
5	3	29.5	30.5	30.5	30	30.125	
6	總計	27.83333333	29.83333333	31.16666667	29.16666667	29.5	
7							

3. 步驟3：圖形的製作

樞紐分析表，不適合圖形，因之只將結果的數據值「複製」，做成如下的的表（由儲存格 A9 到 E12）。

	A	B	C	D	E	F	G
1	平均值 的數據	B ▾					
2	A ▾	1	2	3	4	總計	
3	1	26.5	29	31.5	28.5	28.875	
4	2	27.5	30	31.5	29	29.5	
5	3	29.5	30.5	30.5	30	30.125	
6	總計	27.83333333	29.83333333	31.16666667	29.16666667	29.5	
7							
8							
9		B1	B2	B3	B4		
10	A1	26.5	29	31.5	28.5		
11	A2	27.5	30	31.5	29		
12	A3	29.5	30.5	30.5	30		
13							
14							

儲存格 A9 到 E12 當作數據的範圍，製作折線圖。折線圖的形式可以選擇如

下 。

■變異數分析

1.步驟1：數據的輸入

	A	B	C	D	E	F	G	H	I	J	K
1	A	B	數據								
2	1	1	27								
3	1	1	27								
4	1	2	28								
5	1	2	30								
6	1	3	32								
7	1	3	31								
8	1	4	28								
9	1	4	29								
10	2	1	28								
11	2	1	27								
12	2	2	30								
13	2	2	30								
14	2	3	32								
15	2	3	31								
16	2	4	29								
17	2	4	29								
18	3	1	30								
19	3	1	29								
20	3	2	30								
21	3	2	31								
22	3	3	30								
23	3	3	31								
24	3	4	30								
25	3	4	30								
26											

2.步驟2：組合的顯示

【儲存格內容】

D2;=A2&B2（將 D2 從 D3 複製到 D25）

	A	B	C	D	E	F	G	H	I	J	K	L	M
1	A	B	數據	AB									
2	1	1	26	11									
3	1	1	27	11									
4	1	2	28	12									
5	1	2	30	12									
6	1	3	32	13									
7	1	3	31	13									
8	1	4	28	14									
9	1	4	29	14									
10	2	1	28	21									
11	2	1	27	21									
12	2	2	30	22									
13	2	2	30	22									
14	2	3	32	23									
15	2	3	31	23									
16	2	4	29	24									
17	2	4	29	24									
18	3	1	30	31									
19	3	1	29	31									
20	3	2	30	32									
21	3	2	31	32									
22	3	3	30	33									
23	3	3	31	33									
24	3	4	30	34									
25	3	4	30	34									
26													

3.步驟3：主效果與交互作用的計算

	A	B	C 數據	D AB	E a	F b	G ab
2	1	1	26	11	-0.625	-1.66667	-0.70833
3	1	1	27	11	-0.625	-1.66667	-0.70833
4	1	2	28	12	-0.625	0.333333	-0.20833
5	1	2	30	12	-0.625	0.333333	-0.20833
6	1	3	32	13	-0.625	1.666667	0.958333
7	1	3	31	13	-0.625	1.666667	0.958333
8	1	4	28	14	-0.625	-0.33333	-0.04167
9	1	4	29	14	-0.625	-0.33333	-0.04167
10	2	1	28	21	0	-1.66667	-0.33333
11	2	1	27	21	0	-1.66667	-0.33333
12	2	2	30	22	0	0.333333	0.166667
13	2	2	30	22	0	0.333333	0.166667
14	2	3	32	23	0	1.666667	0.333333
15	2	3	31	23	0	1.666667	0.333333
16	2	4	29	24	0	-0.33333	-0.16667
17	2	4	29	24	0	-0.33333	-0.16667
18	3	1	30	31	0.625	-1.66667	1.041667
19	3	1	29	31	0.625	-1.66667	1.041667
20	3	2	30	32	0.625	0.333333	0.041667
21	3	2	31	32	0.625	0.333333	0.041667
22	3	3	30	33	0.625	1.666667	-1.29167
23	3	3	31	33	0.625	1.666667	-1.29167
24	3	4	30	34	0.625	-0.33333	0.208333
25	3	4	30	34	0.625	-0.33333	0.208333

【儲存格內容】

E2;=SUMIF(A:A,A2,$C:$C)/COUNTIF(A:A,A2)-AVERAGE($C:$C)

F2;=SUMIF(B:B,B2,$C:$C)/COUNTIF(B:B,B2)-AVERAGE($C:$C)

G2;=SUMIF(D:D,D2,$C:$C)/COUNTIF(D:D,D2)-AVERAGE($C:$C)-E2-F2

（將 E2 從 E3 複製到 E25。）

（將 F2 從 F3 複製到 F25。）

（將 G2 從 G3 複製到 G25。）

4.步驟4：變異數分析表的製作

	I	J A	K B	L	M	N	O	P
2	水準數	3	4					
4	變異數分析表							
5	要因	平方和	自由度	變異數	變異比F	F(0.05)	p值	
6	A	6.25	2	3.125	6.25	3.885	0.03181	
7	B	34.67	3	11.556	23.111	3.49	0.0003	
8	A×B	9.08	6	1.514	3.028	2.996	0.04845	
9	誤差	6	12	0.500				
10	計	56	23					

【儲存格內容】

J2;3（因子 A 的水準數）

K2;4（因子 B 的水準數）

J6;=DEVSQ(E:E)

J7;=DEVSQ(F:F)

J8;=DEVSQ(G:G)

J9;=J10-J6-J7-J8

J10;=DEVSQ(C:C)

K7;=K2-1

K8;=K6*K7

K9;=K10-K6-K7-K8

K10;=COUNT(C:C)-1

L6;=J6/K6

L7;=J7/K7

L8;=J8/K8

L9;=J9/K9

M6;=L6/$K$9

M7;=L7/$K$9

M8;=L8/$K$9

N6;=FINV(0.05,K6,K9)

N7;=FINV(0.05,K7,K9)

N8;=FINV(0.05,K8,K9)

O6;=FDIST(M6,K6,$K$9)

O7;=FDIST(M7:K7,$K$9)

O8;=FDIST(M8,K8,$K$9)

■母平均的估計

1.步驟1：關於因子A，B的母平均的估計

	I	J	K	L	M	N	O	P
1		A	B					
2	水準數	3	4					
3								
4	變異數分析表							
5	要因	平方和	自由度	變異數	變異比F	F(0.05)	p值	
6	A	6.25	2	3.125	6.25	3.885	0.03181	
7	B	34.67	3	11.556	23.111	3.49	0.0003	
8	A×B	9.08	6	1.514	3.028	2.996	0.04845	
9	誤差	6	12	0.500				
10	計	56	23					
11								
12								
13	A		信賴係數	0.05				
14	水準數	數據數	點估計	寬度	信賴下限	信賴上限		
15	1	6	27.83	0.629	27.024	28.462		
16	2	6	29.83	0.629	29.024	30.462		
17	3	6	31.17	0.629	30.538	31.796		
18	4	6	29.17	0.629	28.538	29.796		
19								
20								

【儲存格內容】

〈關於因子 A〉

L13;0.95（信賴係數）

J15;=COUNTIF(A:A,I15)

K15;=SUMIF(A:A,I15,C:C)/J15

L15;=TINV(1-$L$13,$K$9)*SQRT($L$9/J15)

M15;=K15-L15　N15;=K15+L15

（將 J15 到 N15 複製到由 J16 到 N17。）

〈關於因子 B〉

L21;0.95（信賴係數）

J23;=COUNTIF(B:B,I23)

K23;=SUMIF(B:B,I23,C:C)/J23

L23;=TINV(1-$L$21,$K$9)*SQRT($L$9/J23)

M23;=K23-L23　N23;=K23+L23

（將 J23 到 N23 複製到由 J24 到 N26。）

2. 步驟2：估計AB之組合的母平均（無交互作用時）

	I	J	K	L	M	N	O	P	Q	R	S	T	U
28	組合												
29	（無交互作用時）		信賴係數		0.95	有效反覆數		4					
30	A	B	點估計	寬度	信賴下限	信賴上限							
31	1	1	27.21	0.770	26.440	27.980							
32	1	2	29.21	0.770	28.440	29.980							
33	1	3	30.54	0.770	29.770	31.310							
34	1	4	28.54	0.770	27.770	29.310							
35	2	1	27.83	0.770	27.060	28.600							
36	2	2	29.83	0.770	29.060	30.600							
37	2	3	31.17	0.770	30.400	31.940							
38	2	4	29.17	0.770	28.400	29.940							
39	3	1	28.46	0.770	27.690	29.230							
40	3	2	30.46	0.770	29.690	31.230							
41	3	3	31.79	0.770	31.020	32.560							
42	3	4	29.79	0.770	29.020	30.560							
43													
44													
45													
46													

【儲存格內容】

L29;0.95（信賴係數）

N29;=1/(1/J15+1/J23-1/COUNT(E:E))

K31;=INDEX($K$15:$K$17,I31)+INDEX($K$23:$K$26,J31)-AVERAGE
　　(C:C)

L31;=TINV(1-$L$29, $K$9)*SQRT($L$9/$N$29)

M31;=K31-L31

N31;=K31+L31

　（將 K31 到 N31 複製到由 K32 到 N42）

3. 步驟3：有關AB組合的母平均之估計（有交互作用時）

	I	J	K	L	M	N	O	P
28	組合							
29	（有交互作用時）		信賴係數		0.95	有效反覆數	4	
30	A	B	點估計	寬度	信賴下限	信賴上限		
31	1	1	26.50	1.089	25.411	27.589		
32	1	2	29.00	1.089	27.911	30.089		
33	1	3	31.50	1.089	30.411	32.589		
34	1	4	28.50	1.089	27.411	29.589		
35	2	1	27.50	1.089	26.411	28.589		
36	2	2	30.00	1.089	28.911	31.089		
37	2	3	31.50	1.089	30.411	32.589		
38	2	4	29.00	1.089	27.911	30.089		
39	3	1	29.50	1.089	28.411	30.589		
40	3	2	30.50	1.089	29.411	31.589		
41	3	3	30.50	1.089	29.411	31.589		
42	3	4	30.00	1.089	28.911	31.089		
43								
44								
45								

【儲存格內容】

L46;0.95（信賴係數）　　　　N46;2（重複數）

K48;=SUMIF(D:D,I48&J48,C:C)/COUNTIF(D:D,I48&J48)

L48;=TINV(1-$L$46,$K$9)*SQRT($L$9/$N$46)

M48;=K48-L48

N48;=K48+L48

（將 K48 到 N48 複製到由 K49 到 N59。）

➢利用資料分析的變異數分析

解說利用資料分析的變異數分析的實施方法。

■步驟1：資料的輸入

使用資料分析實施有重複的二元配置的變異數分析時，必須如下輸入數據。

	A	B	C	D	E	F	G	H	I	J	K	L	M	I
1		B1	B2	B3	B4									
2	A1	26	28	32	28									
3		27	30	31	29									
4	A2	28	30	32	29									
5		27	30	31	29									
6	A3	30	30	30	30									
7		29	31	31	30									
8														
9														

■步驟2：資料分析的叫出

從清單選擇〔資料〕→〔資料分析〕→〔雙因子變異數分析：重複試驗〕。

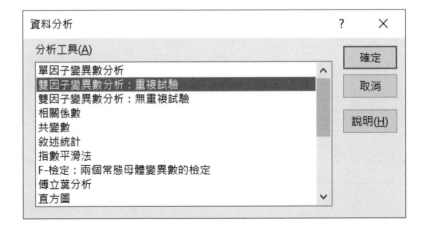

■步驟3：執行

將數據所輸入的儲存格範圍當作〔輸入範圍〕。此時是〔A1：E7〕。在〔每一樣本的列數〕中輸入重複數。按〔確定〕時，即可得出如下的輸出結果。

■輸出結果（一）

	A	B	C	D	E	F	G	H
1	雙因子變異數分析：重複試驗							
2								
3	摘要	B1	B2	B3	B4	總和		
4	A1							
5	個數	2	2	2	2	8		
6	總和	53	58	63	57	231		
7	平均	26.5	29	31.5	28.5	28.875		
8	變異數	0.5	2	0.5	0.5	4.125		
9								
10	A2							
11	個數	2	2	2	2	8		
12	總和	55	60	63	58	236		
13	平均	27.5	30	31.5	29	29.5		
14	變異數	0.5	0	0.5	0	2.571429		
15								
16	A3							
17	個數	2	2	2	2	8		
18	總和	59	61	61	60	241		
19	平均	29.5	30.5	30.5	30	30.125		
20	變異數	0.5	0.5	0.5	0	0.410714		
21								

■輸出結果（二）

	A	B	C	D	E	F	G	H
29	ANOVA							
30	變源	SS	自由度	MS	F	P-值	臨界值	
31	樣本	6.25	2	3.125	6.25	0.013807	3.885294	
32	欄	34.66667	3	11.55556	23.11111	2.83E-05	3.490295	
33	交互作用	9.083333	6	1.513889	3.027778	0.048453	2.99612	
34	組內	6	12	0.5				
35								
36	總和	56	23					
37								
38								
39								
40								

知識補充站

一、兩因子變異數分析的使用狀況：

　變異數分析是用來檢定多組樣本平均數是否相等，並非在檢定變異數。兩因子變異數分析（Two-way ANOVA）：有兩個自變項的變異數分析。

二、前提假設：

　1. 依變項必須是連續變數（continuous variable）

　2. 必須為隨機樣本（Random variable）：從母群體（Population）中隨機抽樣得到

　3. 依變項的母群體：必須是常態分配（Normal Distribution）

三、獨立事件（Independent event）：

　樣本須為獨立變項（Independent variable）：第一組的樣本不影響第二組的樣本；第二組的樣本也不影響第一組。

四、變異數（Variance）同質性：各組樣本間變異數必須相等。

Note

6.3 重複測量變異數分析

➢ 利用重複測量（有對應因子）一元配置的變異數分析

重複測量變異數分析使用與傳統的變異數分析有相同的概念框架。主要區別來自於解釋變量的性質。這個解釋變量是在不同的時間或操作中測量的。傳統的一元配置變異數分析是無法善加處理有對應關係的資訊，因此有重複測量時要略加修正。

例 6-3

這是對懷疑患有糖尿病的人飲用含有一定量葡萄糖的飲料，經過一定時間後採血，根據血糖隨時間的變化來評估是否患有糖尿病的一項測試。下表是針對 6 位患者分成用藥前、給藥 30 分鐘後、60 分鐘後、90 分鐘後、120 分鐘後 5 階段進行測試所得結果。

葡萄糖負荷試驗中血糖水準的變化

患者	用藥前	30 分鐘後	60 分鐘後	90 分鐘後	120 分鐘後
1	84	132	145	106	80
2	96	151	168	124	63
3	75	143	184	117	87
4	110	169	176	113	100
5	82	156	182	101	96
6	105	145	159	98	72

試檢定血糖水準是否因時間而有差異。

像上述那樣，是要透過重複測量變異數分析來進行，由於它是由兩個因素 { 患者 / 時間 } 所組成，但關心的是時間，患者之間的變動並不關心，因此，先使用無重複的二元配置變異數分析，再從變異數分析中去除患者之間的變動。

■重複測量變異數分析的步驟

1. 步驟1：建立假設

　　虛無假設 H_0：水準間 $A_1, A_2, \cdots, A_a$ 的母平均無變化
　　對立假設 H_1：水準間 $A_1, A_2, \cdots, A_a$ 的母平均有變化

2. 步驟2：計算統計量

受試者	水準 A_1	水準 A_2	$\cdots$	水準 A_a	合計
B_1	x_{11}	x_{21}	$\cdots$	x_{a1}	$\sum\limits_{i=1}^{a}x_{i1}$
B_2	x_{12}	x_{22}	$\cdots$	x_{a2}	$\sum\limits_{i=1}^{a}x_{i1}$
$\vdots$	$\vdots$	$\vdots$	$\vdots$	$\vdots$	$\vdots$
B_b	x_{1b}	x_{2b}	$\cdots$	x_{ab}	$\sum\limits_{i=1}^{a}x_{ib}$
合計	$\sum\limits_{j=1}^{b}x_{1j}$	$\sum\limits_{j=1}^{b}x_{2j}$	$\cdots$	$\sum\limits_{j=1}^{b}x_{aj}$	$\sum\limits_{j=1}^{b}\sum\limits_{i=1}^{a}x_{ij}$

$$S_T = \sum_{j=1}^{b}\sum_{i=1}^{a}x_{ij}^2 - \frac{\sum_{j=1}^{b}\sum_{i=1}^{a}x_{ij}}{ab}$$

$$S_A = \frac{(\sum_{j=1}^{b}x_{1j})^2 + (\sum_{j=1}^{b}x_{2j})^2 + \cdots + (\sum_{j=1}^{b}x_{aj})^2}{b} - \frac{(\sum_{j=1}^{b}\sum_{i=1}^{a}x_{ij})^2}{ab}$$

$$S_B = \frac{(\sum_{i=1}^{a}x_{i1})^2 + (\sum_{i=1}^{a}x_{i2})^2 + \cdots + (\sum_{i=1}^{a}x_{ib})^2}{b} - \frac{(\sum_{j=1}^{b}\sum_{i=1}^{a}x_{ij})^2}{ab}$$

$$S_E = S_T - S_A - S_B$$

■EXCEL 步驟

1. 步驟1：建立假設

　　虛無假設 H_0：用藥前、用藥 30 分鐘、60 分鐘、90 分鐘和 120 分鐘後血糖水準變化無差異
　　對立假設 H_1：用藥前、用藥 30 分鐘、60 分鐘、90 分鐘和 120 分鐘後血糖水準變化的差異

2.步驟2：輸入數據

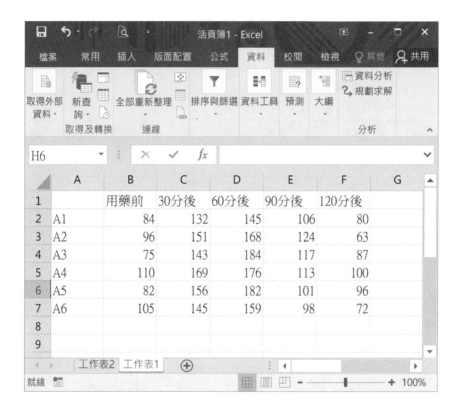

3.步驟3：叫出〔資料分析〕，選擇〔雙因子變異數分析：無重複試驗〕。

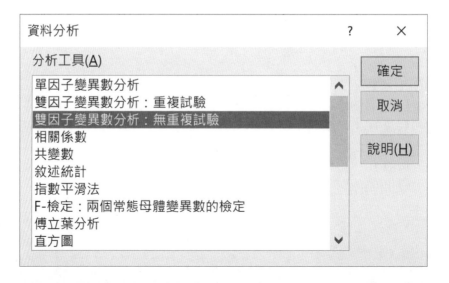

4.步驟4：輸入範圍，點選標記。按確定。

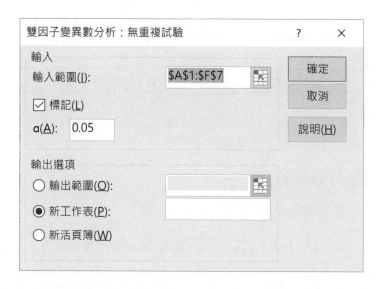

5.步驟5：得出輸出表

	A	B	C	D	E	F	G	H
1	雙因子變異數分析：無重複試驗							
2								
3	摘要	個數	總和	平均	變異數			
4	A1	5	547	109.4	824.8			
5	A2	5	602	120.4	1776.3			
6	A3	5	606	121.2	1935.2			
7	A4	5	668	133.6	1290.3			
8	A5	5	617	123.4	1865.8			
9	A6	5	579	115.8	1267.7			
10								
11	用藥前	6	552	92	192.4			
12	30分後	6	896	149.3333	158.6667			
13	60分後	6	1014	169	224			
14	90分後	6	659	109.8333	98.96667			
15	120分後	6	498	83	200.8			
16								
17								
18	ANOVA							
19	變源	SS	自由度	MS	F	P-值	臨界值	
20	列	1628.567	5	325.7133	2.37262	0.076178	2.71089	
21	欄	33094.8	4	8273.7	60.26879	7.12E-11	2.866081	
22	錯誤	2745.6	20	137.28				
23								
24	總和	37468.97	29					
25								

重複測量變異數分析表整理如下：

變動	平方和	自由度	均方	F 值
水準間變動	33094.8	4	8273.7	60.26879
殘差變動	2745.5	20	137.28	

由於 p-value $= 7.12339 \times 10^{-11}$，可知用藥前、用藥後 30 分鐘、60 分鐘、90 分鐘、120 分鐘的血糖水準變化存在差異。

➤ 多重比較：Tukey 法

使用上面的變異數分析表，將顯著水準 α 在所有組合中進行。

$$|\bar{x}_{i\cdot} - \bar{x}_{j\cdot}| \geq q(m, (m-1)(n-1); \alpha) \sqrt{\frac{V_E}{n}} \Rightarrow A_i \text{ 和 } A_j \text{ 的母均值之間存在差異}$$

$$|\bar{x}_{\cdot i} - \bar{x}_{\cdot j}| \geq q(n, (m-1)(n-1); \alpha) \sqrt{\frac{V_E}{m}} \Rightarrow B_i \text{ 和 } B_j \text{ 的母均值之間存在差異}$$

此處，Student 化全距 q（m，n；α）的分配可使用統計數字表（參附表）。至於操作部分請參第 9 章多重比較分析。

Tea Break

在二元配置變異數分析中，如果兩個因素相互影響，則存在交互作用。在無重複二元配置變異數分析中，使用最初假設因素之間不存在交互作用而建構的數學模型。因此，交互作用存在時上述的分析方法不能使用。交互作用有無的檢定有 Tukey 加法檢定。

$$\frac{(mn - m - n) S_{NA}}{S_{REG}} \overset{d}{\approx} F(1, mn - m - n)$$

其中，

$$S_{NA} = \frac{mn}{S_A S_B} \left(\sum_{i=1}^{m} \sum_{j=1}^{n} (\bar{x}_{i\cdot} - \bar{x})(\bar{x}_{\cdot j} - \bar{x}) x_{ij} \right)^2$$

$$S_{REG} = S_E - S_{NA}$$

第 7 章
多元配置實驗分析

本章內容

7.1 三元配置實驗

➤ 實驗數據的解析

例題 7-1

為了尋找提高某碳製品的彎曲強度的條件，列舉生產工程中的 3 種製造條件，將它們當作因子進行實驗。

因子 A：原料的種類　3 水準〔A_1, A_2, A_3〕
因子 B：反應時間　　2 水準〔B_1, B_2〕
因子 C：乾燥方法　　2 水準〔C_1, C_2〕

ABC 全部有 12 種組合，12 次的實驗是以隨機順序進行。實驗的結果如下。試解析此實驗。

	B_1		B_2	
	C_1	C_2	C_1	C_2
A_1	47	40	52	51
A_2	60	49	47	52
A_3	41	36	39	38

註：表中的數值事前已變換，單位是無名數。

■多元配置實驗

　　因子數在 3 個以上時所進行的要因實驗稱為多元配置實驗。多元配置實驗可以大略分成 2 種：

1. 無重複的多元配置實驗
2. 有重複的多元配置實驗

　　多元配置實驗的稱呼是總稱，將實驗結果以文件保留時，具體上是記成三元配置、四元配置等。

　　談到多元配置，實際上所使用的配置以三元配置最多，因子列舉 4 個以上的多元配置實驗甚少進行，規劃 4 個以上因子的實驗，可使用後述的直交表進行實驗，實驗次數會變少，是相當有效率的。

　　在三元配置實驗中，加入重複的情形甚少。因為，有重複與無重複之不同，雖然是能否驗證 3 個因子的組合效果（稱為三因子交互作用，記成 A×B×C），但三因子交互作用從一開始當作誤差來處理也是很多的。

　　此外，三元配置實驗，無關重複的有無，對 2 個因子間的交互作用
（A×B，A×C，B×C）也可求出。

■實驗數據的圖形化

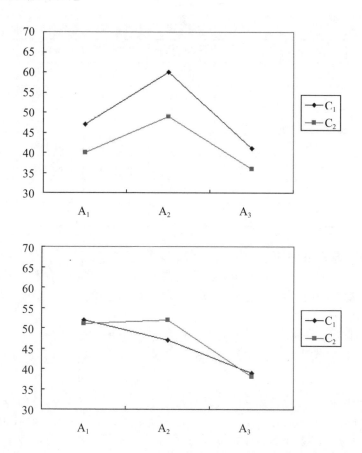

■數據的構造式
　　無重複的三元配置實驗，在因子 A 的第 i 水準 A_i，因子 B 的第 j 水準
B_j，因子 C 的第 k 水準 C_k 中的實驗數據設為 y_{ijk} 時，數據的構造式可以如下
考慮。

$$y_{ijk} = \mu + \alpha_i + \beta_j + \gamma_k + (\alpha\beta)_{ij} + (\alpha\gamma)_{ik} + (\beta\gamma)_{jk} + \varepsilon_{ijk}$$

　　其中，μ 是一般平均，α_i 是 A_i 的效果，β_j 是的 B_j 效果，γ_k 是 C_k 的效果，
$(\alpha\beta)_{ij}$、$(\alpha\gamma)_{ik}$、$(\beta\gamma)_{jk}$ 是 2 因子內的交互作用效果，ε_{ijk} 是實驗誤差。

■變異數分析

變異數分析的結果，可以整理成如下的變異數分析表。

變異數分析表

要因	平方和	自由度	變異數	變異比	F(0.05)	P 值
A	378.00	2	189.00	18.2903	19.000	0.0518
B	3.000	1	3.00	0.2903	18.5128	0.6440
C	33.333	1	33.33	3.2258	18.5128	0.2143
A×B	86.000	2	43.00	4.1613	19.0000	0.1937
A×C	0.667	2	0.33	0.0323	19.0000	0.9688
B×C	56.333	1	56.33	5.4615	18.5128	0.1447
誤差	20.667	2	10.33			
計	578.000	11				

顯著水準設為 0.05 時，任一因子均不顯著。

可是，以此結果下結論說所有因子對彎曲強度不會造成影響是危險的。

P 值依誤差的自由度而改變，本例的自由度是 2，自由度很小，因之檢定的檢出力低。

像此種時候，將 F 值小（P 值大）的交互作用併入誤差為宜。

本例將交互作用 A×C 併入誤差，具體言之，進行如下計算，求出新的誤差變異數。

（合併後的誤差的平方和 S_e'）＝（誤差的平方和）＋（A×C 的平方和）
（合併後的誤差的自由度 ϕ_e'）＝（誤差的自由度）＋（A×C 的自由度）
（合併後的誤差變異數 V_e'）＝S_e'/ϕ_e'

合併後的變異數分析表

要因	平方和	自由度	變異數	變異比	F(0.05)	P 值
A	378.00	2	189.00	35.4375	6.9443	0.0029
B	3.000	1	3.00	0.5625	7.7086	0.4950
C	33.333	1	33.33	6.2500	7.7086	0.0668
A×B	86.000	2	43.00	8.0625	6.9443	0.0395

要因	平方和	自由度	變異數	變異比	F(0.05)	P 值
B×C	56.333	1	56.33	10.5625	7.7086	0.0314
誤差	21.333	4	5.33			
計	578.000					

■結果的看法

1. 關於因子 A
   P 值－0.0029＜0.05，所以因子 A 是顯著的。

2. 關於因子 B
   P 值＝0.4950＞0.05，所以因子 B 不顯著。

3. 關於因子 C
   P 值＝0.0668＞0.05，所以因子 C 不顯著。

4. 關於交互作用 A×B
   P 值＝0.0395＜0.05，所以交互作用 A×B 顯著。

5. 關於交互作用 B×C
   P 值＝0.0314＜0.05，所以交互作用 B×C 顯著。

■母體平均的估計

如本例題，2 個交互作用（A×B, B×C）顯著時，$A_iB_jC_k$ 組合的平均，必須如下估計：

$$點估計 \hat{\mu}(A_iB_jC_k) = (A_iB_j 的平均值) + (B_jC_k 的平均值) - (B_j 的平均值)$$

並且，當 A×B，B×C，A×C 均爲顯著時，要如下估計。

$$點估計 \hat{\mu}(A_iB_jC_k) = (A_iB_j 的平均值) + (B_jC_k 的平均值)$$
$$+ (A_iC_k 的平均值) - (A_i 的平均值) - (B_j 的平均值)$$
$$- (C_k 的平均值) + (全體的平均值)$$

本例題可以得如下的估計結果。

$A_1B_1C_1$：47.333
$A_1B_1C_2$：39.667
$A_1B_2C_1$：51.000
$A_1B_2C_2$：52.000
$A_2B_1C_1$：58.333
$A_2B_1C_2$：50.667

$A_2B_2C_1$：49.000
$A_2B_2C_2$：50.000
$A_3B_1C_1$：42.333
$A_3B_1C_2$：34.667
$A_3B_2C_1$：38.000
$A_3B_2C_2$：39.000

得知 $A_2B_1C_1$ 的組合是使彎曲強度成為最高的條件。

 Tea Break

進行所有成對比較的方法	進行與對照組的成對比較方法
• 費雪最小顯著差法（Fisher's LSD） • Bonferroni • Sidak • Holm • Scheffe • Tukey • Tukey-Kramer	 • Dunnett • Williams

相關的手法請參相關書籍。

➢ 利用 **EXCEL** 的數據解析

■圖形表現

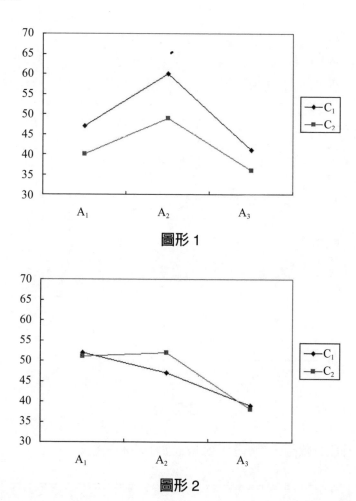

圖形 1

圖形 2

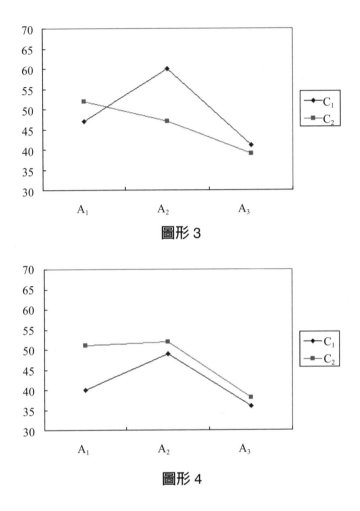

圖形 3

圖形 4

製作此種的折線圖，有需要將數據以如下的形式輸入。

	A	B	C	D	E	F	G
1		B1		B2			
2		C1	C2	C1	C2		
3	A1	47	40	52	51		
4	A2	60	49	47	52		
5	A3	41	36	39	38		
6							
7							
8							

1. 圖形1的情形

從 A2 到 C5 當作數據的範圍，製作折線圖。此可從〔插入〕點選〔平面折線圖〕中進行。

	A	B	C	D	E	F	G
1		B1		B2			
2		C1	C2	C1	C2		
3	A1	47	40	52	51		
4	A2	60	49	47	52		
5	A3	41	36	39	38		
6							
7							
8							
9							

2. 圖形2的情形

從 A2 到 A5，D2 到 E5 當作數據的範圍，製作折線圖。（從 A2 拖曳至 A5 後，按 Ctrl 鍵再從 D2 拖曳至 E5。）

	A	B	C	D	E	F	G
1		B1		B2			
2		C1	C2	C1	C2		
3	A1	47	40	52	51		
4	A2	60	49	47	52		
5	A3	41	36	39	38		
6							
7							
8							

3. 圖形3的情形

從 A2 到 B5，D2 到 D5 當作數據的範圍，製作折線圖。（從 A2 拖曳至 B5 後，再按 Ctrl 鍵再從 D2 拖曳至 D5。）

	A	B	C	D	E	F	G
1		B1		B2			
2		C1	C2	C1	C2		
3	A1	47	40	52	51		
4	A2	60	49	47	52		
5	A3	41	36	39	38		
6							
7							
8							

　　此時，將圖例變更成 B1 與 B2 的作業是有需要的。

4.圖形4的情形

　　從 A2 到 A5，C2 到 C5，E2 到 E5 當作數據的範圍，製作折線圖。（從 A2 拖曳至 A5 後，一面按 Ctrl 鍵一面依序從 C2 拖曳至 C5，E2 拖曳至 E5。）

	A	B	C	D	E	F	G
1		B1		B2			
2		C1	C2	C1	C2		
3	A1	47	40	52	51		
4	A2	60	49	47	52		
5	A3	41	36	39	38		
6							
7							

　　與圖形 3 的情形一樣，將圖例變更成 B1 與 B2 的作業是有需要的。按以上的步驟，從圖形 1 到圖形 4 的折線圖即可做出。

■變異數分析

1.步驟1：資料輸入

	A	B	C	D	E	F	G
1	A	B	C	數據			
2	1	1	1	47			
3	1	1	2	40			
4	1	2	1	52			
5	1	2	2	51			
6	2	1	1	60			
7	2	1	2	49			
8	2	2	1	47			
9	2	2	2	52			
10	3	1	1	41			
11	3	1	2	36			
12	3	2	1	39			
13	3	2	2	38			
14							
15							

2.步驟2：組合的顯示

	A	B	C	D	E	F	G	H
1	A	B	C	數據	AB	AC	BC	
2	1	1	1	47	11	11	11	
3	1	1	2	50	11	12	12	
4	1	2	1	52	12	11	21	
5	1	2	2	51	12	12	22	
6	2	1	1	60	21	21	11	
7	2	1	2	49	21	22	12	
8	2	2	1	47	22	21	21	
9	2	2	2	52	22	22	22	
10	3	1	1	41	31	31	11	
11	3	1	2	36	31	32	12	
12	3	2	1	39	32	31	21	
13	3	2	2	38	32	32	22	
14								

【儲存格內容】

E2;=A2&B2

F2;=A2&C2

G2;=B2&C2

（將 E2 從 E3 複製到 E13。）

（將 F2 從 F3 複製到 F13。）

（將 G2 從 G3 複製到 G13。）

3. 步驟3：計算要因效果（主效果與交互作用）

	H	I	J	K	L	M	N
1	a	b	c	ab	ac	bc	
2	1.5000	-0.5000	1.6667	-3.5000	0.3333	2.1667	
3	1.5000	-0.5000	-1.6667	-3.5000	-0.3333	-2.1667	
4	1.5000	0.5000	1.6667	3.5000	0.3333	-2.1667	
5	1.5000	0.5000	-1.6667	3.5000	-0.3333	2.1667	
6	6.0000	-0.5000	1.6667	3.0000	-0.1667	2.1667	
7	6.0000	-0.5000	-1.6667	3.0000	0.1667	-2.1667	
8	6.0000	0.5000	1.6667	-3.0000	-0.1667	-2.1667	
9	6.0000	0.5000	-1.6667	-3.0000	0.1667	2.1667	
10	-7.5000	-0.5000	1.6667	0.5000	-0.1667	2.1667	
11	-7.5000	-0.5000	-1.6667	0.5000	0.1667	-2.1667	
12	-7.5000	0.5000	1.6667	-0.5000	-0.1667	-2.1667	
13	-7.5000	0.5000	-1.6667	-0.5000	0.1667	2.1667	
14							

【儲存格內容】

H2;=SUMIF(A:A,A2,$D:$D)/COUNTIF(A:A,A2)-AVERAGE($D:$D)

I2;=SUMIF(B:B,B2,$D:$D)/COUNTIF(B:B,B2)-AVERAGE($D:$D)

J2;=SUMIF(C:C,C2,$D:$D)/COUNTIF(C:C,C2)-AVERAGE($D:$D)

K2;=SUMIF(E:E,E2,$D:$D)/COUNTIF(E:E,E2)-AVERAGE($D:$D)-H2-I2

L2;=SUMIF(F:F,F2,$D:$D)/COUNTIF(F:F,F2)-AVERAGE($D:$D)-H2-J2

M2;=SUMIF(G:G,G2,$D:$D)/COUNTIF(G:G,G2)-AVERAGE($D:$D)-J2-I2

（將 H2 從 H3 複製到 H13）

（將 I2 從 I3 複製到 I13）

（將 J2 從 J3 複製到 J13）

（將 K2 從 K3 複製到 K13）

（將 L2 從 L3 複製到 L13）

（將 M2 從 M3 複製到 M13）

4. 步驟4：變異數分析表的製作

	O	P	Q	R	S	T	U	V
1		A	B	C				
2	水準數	3	2	2				
3								
4	變異數分析表							
5	要因	平方和	自由度	變異數	變異比F	F(0.05)	p值	
6	A	378.000	2	189.00	19.2903	19.0000	0.0518	
7	B	3.000	1	3.00	0.2903	18.5128	0.6440	
8	C	33.333	1	33.33	3.2258	18.5128	0.2143	
9	A×B	86.000	2	43.00	4.1613	19.0000	0.1937	
10	A×C	0.667	2	0.33	0.0323	19.0000	0.9688	
11	B×C	56.333	1	56.33	5.4516	18.5128	0.1447	
12	誤差	20.667	2	10.33				
13	計	578.000	11					
14								

【儲存格內容】

P2;3（因子 A 的水準數）
Q2;2（因子 B 的水準數）
R2;2（因子 C 的水準數）
P6;=DEVSQ(H:H)
P7;=DEVSQ(I:I)
P8;=DEVSQ(J:J)
P9;=DEVSQ(K:K)
P10;=DEVSQ(L:L)
P11;=DEVSQ(M:M)
P12;=P13-SUM(P6:P11)
P13;=DEVSQ(D:D)
Q6;=P2-1
Q7;=Q2-1
Q8;=R2-1
Q9;=Q6*Q7
Q10;=Q6*Q7
Q11;=Q7*Q8
Q12;=Q13-SUM(Q6:Q11)

Q13;=COUNT(D:D)-1

R6;=P6/Q6　　　　　　（將 R6 從 R7 複製到 R12）

S6;=P6/$R$6　　　　　（將 S6 從 S7 複製到 S11）

T6;=F.INV(0.05,Q6,$Q$12)　（將 T6 從 T7 複製到 T11）

U6;=F.DIST(S6,Q6,$Q$12)　（將 U6 從 U7 複製到 U11）

5. 步驟5：合併後的變異數分析表的製作

	O	P	Q	R	S	T	U	V
16	（合併後）							
17	變異數分析表							
18	要因	平方和	自由度	變異數	變異比F	F(0.05)	p值	
19	A	378.000	2	189.00	35.4375	6.9443	0.0029	
20	B	3.000	1	3.00	0.5625	7.7086	0.4950	
21	C	33.333	1	33.33	6.2500	7.7086	0.0668	
22	A×B	86.000	2	43.00	8.0625	6.9443	0.0395	
23								
24	B×C	56.333	1	56.33	10.5625	7.7086	0.0314	
25	誤差	21.333	4	5.33				
26	計	578.000	11					
27								
28								

【儲存格內容】

P19;=P6　（將 P19 從 P20 複製到 P24）

P26;=P13

P25;=P26-SUM(P19:P24)

Q19;=Q6　（將 Q19 從 Q20 複製到 Q24）

Q26;=Q13

Q25;=Q26-SUM(Q19:Q24)

R19;=P19/Q19　（將 R19 從 R20 複製到 R25）

S19;=R19/$R$25　（將 S19 從 S20 複製到 S24）

T19;=FINV(0.05,Q19,$Q$25)　（將 T19 從 T20 複製到 T24）

U19;=FDIST(S19,Q19,$Q$25)　（將 U19 從 U20 複製到 U24）

（將 A×B 併入誤差時：消去從 O22 到 U22；將 A×C 併入誤差時：消去從 O23 到 U23；將 B×C 併入誤差時：消去從 O24 到 U24。）

6. 步驟6：合併的對話化

合併是觀察交互作用的 P 值後再進行，因之事前要將哪一個交互作用合併是不得而知的。因此，選擇合併的交互作用如能以對話形式來進行是很方便的。

譬如，將 A×B 併入誤差時，在其左方的儲存格 N22 輸入任意的文字或數字時，A×B 被併入誤差，想將 A×C 合併時，儲存格 N23 中如輸入任何文字時，A×C 即可併入誤差，如消去所輸入的文字時，即可還原為合併前，如此是很實用的。

■A×C 併入誤差的例子

	N	O	P	Q	R	S	T	U	V
16		(合併後)							
17		變異數分析表							
18		要因	平方和	自由度	變異數	變異比F	F(0.05)	p值	
19		A	378.000	2	189.00	35.4375	6.9443	0.0029	
20		B	3.000	1	3.00	0.5625	7.7086	0.4950	
21		C	33.333	1	33.33	6.2500	7.7086	0.0668	
22		A×B	86.000	2	43.00	8.0625	6.9443	0.0395	
23	AC								
24		B×C	56.333	1	56.33	10.5625	7.7086	0.0314	
25		誤差	21.333	4	5.33				
26		計	578.000	11					
27									

【儲存格內容】

在「步驟 5」所輸入的數式之中，將儲存格 O22 到 U24 可以如下置換。

O22;=IF(N22=" ",O9," ")　　　　　（將 O22 複製到 O23,O24）
P22;=IF(O22=" "," ",P9)　　　　　（將 P22 複製到 P23,P24）
Q22;=IF(P22=" "," ",Q9)　　　　　（將 Q22 複製到 Q23,Q24）
R22;=IF(Q22=" "," ",P22/Q22)　　（將 R22 複製到 R23,R24）
S22;=IF(R22=" "," ",R22/$R$25)　（將 S22 複製到 S23,S24）
T22;=IF(O22=" "," ",FINV(0.05,Q22,$Q$25))
　　　　　　　　　　　　　　　（將 T22 複製到 T23,T24）
U22;=IF(O22=" "," ",FDIST(S22,Q22,$Q$25))
　　　　　　　　　　　　　　　（將 U22 複製到 U23,U24）

像這樣修正式子時，譬如，想將 A×C 併入誤差時，儲存格 N23 輸入某種文字（AC）時，A×C 即可被合併。

7.2 亂塊法

➤實驗數據的解析

例題 7-2

為了尋找提高某 IC 基板的洗淨度的條件，列舉 2 個洗淨工程中的條件，將它們當作因子進行實驗。
列舉的因子與水準如下。

因子 A：洗淨劑的種類　　3 水準（A_1, A_2, A_3）
因子 B：洗淨時間　　　　2 水準（B_1, B_2）

AB 全部有 6 種組合。因為想確認交互作用 A×B 之有無，加入 2 次重複進行合計 12 次的實驗。但，12 次的實驗並非以完全隨機的順序進行，而是先將 AB 之 6 種組合的實驗隨機進行，其次再將 AB 的 6 種組合實驗隨機進行。實驗的結果如下。試解析此實驗數據。

	第一次實驗	
	B_1	B_2
A_1	22.3	20.1
A_2	21.5	17.5
A_3	25.3	18.8

	第二次實驗	
	B_1	B_2
A_1	18.1	16.9
A_2	20.9	16.2
A_3	21.3	20.2

註：表中的數值事前已變換，單位是無名數。

■亂塊法

本例因為並非以隨機順序進行 12 次的實驗，因之當作有重複的二元配置實驗來解析數據是錯誤的。有需要將第 1 次的實驗、第 2 次的實驗的區分當作因子來考慮。此種因子稱為「反覆」（replication）。因此，本實驗的數據在外表上，即當作因子數有 3 個（A, B, 反覆）的三元配置實驗來解析數據。其中，與反覆的交互作用當作誤差來處理，因之不必計算。

此種實驗為了有別於有「重複」（repetition）的二元配置，稱為有「反覆」的二元配置。

所有實驗順序並非完全隨機，進行如本例的實驗時，是有何好處呢？不妨考慮看看。

今假定以完全隨機的順序進行 12 次的實驗。12 次如能以短時間進行則無問題。可是，需要相當的時間，譬如，最初的實驗與最後的實驗，像實驗日改變等的情形，因日期造成的差異或實驗環境的差異全部列入誤差。而且，取決於隨機方式，在 A_1B_1 的 2 次實驗匆促結束的情形也可能會有。能避免此種事情的是利用反覆的要因實驗。

做出數個環境條件相同的實驗場所，每一個實驗場所將一組實驗以隨機進行的方法稱為亂塊法（或稱隨機等區法；randomized blocks）。亂塊法是將相同的實驗場所稱為集區（block）。本例是引進稱為「反覆」的集區。

想比較的水準　　A₁　　　　A₂　　　　A₃　　　　A₄

集區

集區

集區

由於集區可以看成是具有數個水準的因子，因之像反覆的因子稱為集區因子。以集區因子來說，可以舉出像是實驗日、實驗地區、裝置、原料批、受試者（人）等。

■數據的構造式

有反覆的二元配置，將反覆 k 次，因子 A 的第 i 水準 A_i，因子 B 的第 j 水準 B_j 中的實驗數據當作 y_{ijk} 時，數據的構造式可以用下式來考慮。

$$y_{ijk} = \mu + \alpha_i + \beta_j + \gamma_k + (\alpha\beta)_{ij} + \gamma_k + \varepsilon_{ijk}$$

其中，μ 表一般平均，α_i 表 A_i 的效果，β_j 表 B_j 的效果，γ_k 表第 k 次反覆的效果，$(\alpha\beta)_{ij}$ 表因子 A 與 B 的交互作用效果，ε_{ijk} 表實驗誤差。

■變異數分析

變異數分析的結果，可以整理成如下的變異數分析表。

要因	平方和	自由度	變異數	變異比	F(0.05)	P 值
反覆	11.801	1	11.80	4.8586	6.6079	0.0787
A	13.265	2	6.63	2.7307	5.7561	0.1579
B	32.341	1	32.34	13.3154	6.6079	0.0148

要因	平方和	自由度	變異數	變異比	F(0.05)	P 值
A×B	3.912	2	1.96	0.8503	5.7861	0.4976
誤差	12.144	5	2.43			
計	73.463					

　　加入反覆因子的地方，是與有重複的二元配置有所不同之處。另外，如本例當集區因子（反覆）不顯著時，可以併入誤差。

➤ 利用 EXCEL 的數據解析

■變異數分析

1.步驟1：數據的輸入

	A	B	C	D	E	F	G
1	反覆	A	B	數據			
2	1	1	1	22.3			
3	1	1	2	20.1			
4	1	2	1	21.5			
5	1	2	2	17.5			
6	1	3	1	25.3			
7	1	3	2	18.8			
8	2	1	1	18.1			
9	2	1	2	16.9			
10	2	2	1	20.9			
11	2	2	2	16.2			
12	2	3	1	21.3			
13	2	3	2	20.2			
14							

2.步驟2：組合的表示

	A	B	C	D	E	F	G
1	反覆	A	B	數據	AB		
2	1	1	1	22.3	11		
3	1	1	2	20.1	12		
4	1	2	1	21.5	21		
5	1	2	2	17.5	22		
6	1	3	1	25.3	31		
7	1	3	2	18.8	32		
8	2	1	1	18.1	11		
9	2	1	2	16.9	12		
10	2	2	1	20.9	21		
11	2	2	2	16.2	22		
12	2	3	1	21.3	31		
13	2	3	2	20.2	32		
14							

【儲存格內容】
　　E2;=B2&C2（將 E2 從 E3 複製到 E13）

3.步驟3：要因效果的計算

	A	B	C	D	E	F	G	H	I	J
1	反覆	A	B	數據	AB	r	a	b	ab	
2	1	1	1	22.3	11	0.991667	-0.575	1.641667	-0.79167	
3	1	1	2	20.1	12	0.991667	-0.575	-1.64167	0.791667	
4	1	2	1	21.5	21	0.991667	-0.9	1.641667	0.533333	
5	1	2	2	17.5	22	0.991667	-0.9	-1.64167	-0.53333	
6	1	3	1	25.3	31	0.991667	1.475	1.641667	0.258333	
7	1	3	2	18.8	32	0.991667	1.475	-1.64167	-0.25833	
8	2	1	1	18.1	11	-0.99167	-0.575	1.641667	-0.79167	
9	2	1	2	16.9	12	-0.99167	-0.575	-1.64167	0.791667	
10	2	2	1	20.9	21	-0.99167	-0.9	1.641667	0.533333	
11	2	2	2	16.2	22	-0.99167	-0.9	-1.64167	-0.53333	
12	2	3	1	21.3	31	-0.99167	1.475	1.641667	0.258333	
13	2	3	2	20.2	32	-0.99167	1.475	-1.64167	-0.25833	
14										
15										

【儲存格內容】

F2;=SUMIF(A:A,A2,$D:$D)/COUNT(A:A,A2)-AVERAGE($D:$D)

G2;=SUMIF(B:B,B2,$D:$D)/COUNT(B:B,B2)-AVERAGE($D:$D)

H2;=SUMIF(C:C,C2,$D:$D)/COUNT(C:C,C2)-AVERAGE($D:$D)

I2;=SUMIF(E:E,E2,$D:$D)/COUNT(E:E,E2)-AVERAGE($D:$D)-H2-G2

（將 F2 從 F3 複製到 F13）

（將 G2 從 G3 複製到 G13）

（將 H2 從 H3 複製到 H13）

（將 I2 從 I3 複製到 I13）

4.步驟4：變異數分析表的製作

	K	L	M	N	O	P	Q	R
1		反覆	A	B				
2	水準數	2	3	2				
3								
4	變異數分析表							
5	要因	平方和	自由度	變異數	變異比F	F(0.05)	p值	
6	反覆	11.801	1	11.8	4.8586	6.6079	0.0787	
7	A	13.265	2	6.63	2.7307	5.7861	0.1519	
8	B	32.431	1	32.34	13.3154	6.6079	0.0148	
9	A×B	3.912	2	1.96	0.8053	5.7861	0.4976	
10	誤差	12.144	5	2.43				
11	計	73.463	11					
12								
13								

【儲存格內容】

L2;2（反覆數）　M2;3（因子 A 的水準數）　N2;2（因子 B 的水準數）

L6;=DEVSQ(F:F)

L7;=DEVSQ(G:G)

L8;=DEVSQ(H:H)

L9;=DEVSQ(I:I)

L10;=L11-SUM(L6:L9)

L11;=DEVSQ(D:D)

M6;=L2-1

M7;=M2-1

M8;=N2-1

M9;=M7*M8
M10;=M11-SUM(M6:M9)
M11;=COUNT(D:D)-1
N6;=L6/M6　　　　　　　　　　（將 N6 從 N7 複製到 N10）
O6;=N6/$N$10　　　　　　　　（將 O6 從 O7 複製到 O9）
P6;=FINV(0.05,M6,$M$10)　　　（將 P6 從 P7 複製到 P9）
Q6;=FDIST(O6,M6,$M$10)　　　（將 Q6 從 Q7 複製到 Q9）

 Tea Break

　　以下是隨機完全集區設計（randomized complete blocks design, 簡稱 RCBD）也稱為完全亂塊法。在使用上的幾個重要規則：
　　1. Randomized：每區級內各處理必須隨機排列於試驗單位中。
　　2. Complete：每區集內各參試處理變級均施測一次。
　　3. Block：利用集區減少試驗單位異質性影響。
　　進行試驗設計時，當我們的試驗單位為異質，也就是試驗單位的變異不平均時，我們會利用集區的劃分，去除這些已知變異因子對實驗造成的影響。

第 8 章
直交配列實驗分析

8.1 利用直交配列的計畫實驗
8.2 直交配列實驗的數據解析

本章内容

8.1 利用直交配列的計畫實驗

➤ 直交表的利用

例題 8-1

想列舉 5 個因子（A、B、C、D、E）進行實驗。因子的水準數全部均為 2 水準，另外，所有的交互作用被認為可以忽略。要進行何種實驗才好？

■ 何謂直交配列表

本例題想列舉的因子數是 5，如果實驗次數變多也無所謂時，可以進行五元配置實驗。此時，實驗的次數是 2^5（32）次。

進行五元配置實驗時，利用變異數分析，即可求出如下的要因效果。

（主效果）
A、B、C、D、E

（二因子交互作用）	（三因子交互作用）	（四因子交互作用）
A × B	A × B × C	A × B × C × D
A × C	A × B × D	A × B × C × E
A × D	A × B × E	A × B × D × E
A × E	A × C × D	A × C × D × E
B × C	A × C × E	B × C × D × E
B × D	A × D × E	
B × E	B × C × D	
C × D	B × D × E	
C × E	C × D × E	
D × E		

本例題由於只需要有關主效果的資訊，計畫多元配置之實驗時，有關交互作用的不需要資訊也要收集。

因此，有關關注的交互作用的資訊，即使無法收集也行，因之，可以考察減少實驗次數的方法。

在此種狀況下所使用的工具即為直交配列表（直交表）。

直交配列表有全部因子的水準均為 2 水準來規劃實驗時使用的 2 水準直交配列表，以及均為 3 水準來規劃實驗時所使用的 3 水準直交配列表。（註：2 水準與 3 水準混合一起的直交配列表也是存在的。本書針對 2 水準的直交配列表進行討論。）

　2 水準的直交配列表經常使用的是 $L_8(2^7)$ 型與 $L_{16}(2^{15})$ 型。

　$L_8(2^7)$ 型（略記為 L_8）直交配列表，可以用在想以 8 次的實驗收集均為 2 水準因子的資訊。可以列舉的因子數最多 7，但交互作用也當作 1 個因子來考慮。

　L_8 直交配列表如下表示。

L_8 交列直配表

No.	行1	行2	行3	行4	行5	行6	行7
1	1	1	1	1	1	1	1
2	1	1	1	2	2	2	2
3	1	2	2	1	1	2	2
4	1	2	2	2	2	1	1
5	2	1	2	1	2	1	2
6	2	1	2	2	1	2	1
7	2	2	1	1	2	2	1
8	2	2	1	2	1	1	2
基本表示	a	b	ab	d	ac	bc	abc

■直交配列表的看法與用法

　試讓 L_8 直交配列表的第 1 行到第 5 行對應例題的 5 個因子看看。

因子	A	B	C	D	E		
No.	1行	2行	3行	4行	5行	6行	7行
1	1	1	1	1	1	1	1
2	1	1	1	2	2	2	2
3	1	2	2	1	1	2	2
4	1	2	2	2	2	1	1
5	2	1	2	1	2	1	2
6	2	1	2	2	1	2	1
7	2	2	1	1	2	2	1
8	2	2	1	2	1	1	2
基本表示	a	b	ab	c	ac	bc	abc

　上表可以如下觀察：

No.1 的實驗條件 = $A_1B_1C_1D_1E_1$
No.2 的實驗條件 = $A_1B_1C_1D_2E_2$
No.3 的實驗條件 = $A_1B_2C_2D_1E_1$
No.4 的實驗條件 = $A_1B_2C_2D_2E_2$
No.5 的實驗條件 = $A_2B_1C_2D_1E_2$
No.6 的實驗條件 = $A_2B_1C_2D_2E_1$
No.7 的實驗條件 = $A_2B_2C_1D_1E_2$
No.8 的實驗條件 = $A_2B_2C_1D_2E_1$

實驗的計畫於此結束，接著，以隨機順序實施從 No.1 到 No.8 的實驗。像這樣，讓因子對應各行的行為稱為因子的配置。從用直交表計畫實驗，有需要學習因子的配置方法。如本例題，可以忽略所有的交互作用時，如上述單純的配置即可，但無法忽略交互作用時，就非如此單純。此事於例題 8-2 中說明。

例題 8-2

想列舉 5 個因子（A、B、C、D、E）進行實驗。因子的水準數均為 2 水準。交互作用 A 被認為存在，因之也想檢定此效果。要進行何種的實驗才好？試使用 L_8 直交配列表計畫實驗。

■交互作用的處理方法

本例題與例題 8-1 一樣列舉 5 個因子，但 A 因子的資訊當作需要，這是與剛才的例題不同的地方。

有需要求交互作用時，必須考慮交互作用要出現在哪一行。該行如配置因子時，所配置的因子就會與交互作用交絡。

交互作用出現在哪一行，利用基本表示，即可如下找出。

（例一）第 1 行配置 A，第 2 行配置 B，A×B 即出現在第 3 行。

A	$\longrightarrow$	第 1 行	$\longrightarrow$	a
B	$\longrightarrow$	第 2 行	$\longrightarrow$	b
A×B	$\longrightarrow$	$a×b = ab$	$\longrightarrow$	第 3 行

（例二）第 1 行配置 A，第 4 行配置 B，A×B 出現在第 5 行。

A	$\longrightarrow$	第 1 行	$\longrightarrow$	a
B	$\longrightarrow$	第 4 行	$\longrightarrow$	c
A×B	$\longrightarrow$	$a×c = ac$	$\longrightarrow$	第 5 行

（例三）第 5 行配置 A，第 6 行配置 B，A×B 出現在第 3 行。

$$A \longrightarrow 第 5 行 \longrightarrow ac$$
$$B \longrightarrow 第 6 行 \longrightarrow bc$$
$$A×B \longrightarrow ac×bc \longrightarrow abc^2 =（平方改成 1）ab$$
$$\longrightarrow 第 3 行$$

■配置的例子

試考慮本例題的配置。交互作用 A×C 因為需要，因之因子 A 與 C 要比其他因子優先配置。首先將 A 配置在第 1 行，C 配置在第 4 行，A×C 出現在第 5 行。接著，將 B、D、E 任意配置在剩下的行（2、3、6、7 行）。結果，情形如下。

因子	A	B		C	A×C	D	E
No.	第1行	第2行	第3行	第4行	第5行	第6行	第7行
1	1	1	1	1	1	1	1
2	1	1	1	2	2	2	2
3	1	2	2	1	1	2	2
4	1	2	2	2	2	1	1
5	2	1	2	1	2	1	2
6	2	1	2	2	1	2	1
7	2	2	1	1	2	2	1
8	2	2	1	2	1	1	2
基本表示	a	b	ab	c	ac	bc	abc

此外，上述的配置例只不過是一個例子而已。其他如下也可想到各種情形。

	第1行	第2行	第3行	第4行	第5行	第6行	第7行
情況1	A	C	A×C	B		D	E
情況2	B	A		C		A×C	E
情況3	A	D		C	A×C	B	E

　　像本例想求的交互作用只有 1 個時，配置是很容易的，但有 2 個以上時，使用基本表示來配置變得麻煩。實務上考慮使用稱爲線點圖的方法來配置是比較有效率的。使用線點圖的因子配置方法容以下介紹。

➤ 配置的實際

例題 8-3

想列舉 4 個因子（A、B、C、D）進行實驗。因子的水準數均爲 2 水準。交互作用 A×B 與 B×C 被認爲是存在的。可進行如何的實驗才好？試使用 L_8 直交配列表計畫實驗。

■L_8 的線點圖

　　所謂線點圖是主效果以點，交互作用以線表示的圖。L_8 準備有如下的兩種點線圖。

(1)　　　　　　　　　　　　　　　(2)

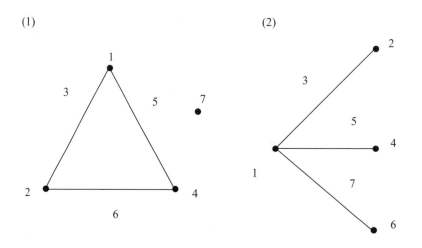

■線點圖的用法

　　首先，自己製作所需的線點圖。本例題因 A×B 與 B×C 是需要的，所以可以如下繪製。

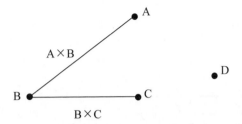

將此套入形狀相類似 (1) 的線點圖中。

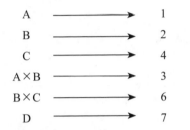

如上對應後再配置因子即可。

■ L_{16} 的線點圖

L_{16} 準備有如下 6 個線點圖。

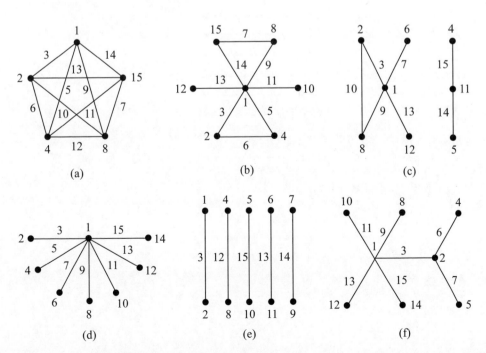

例題 8-4

想列舉 5 個因子（A、B、C、D、E）進行實驗。因子的水準數均爲 2 水準。
交互作用分別爲 A×B、A×C、A×D、D×E 被認爲是存在的。要進行如
何的實驗才好？試使用直交配列表計畫實驗。

首先，自己製作所需的線點圖。

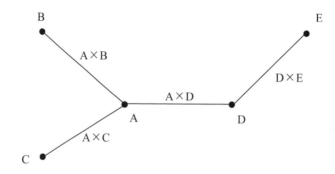

將此套入形狀類似 (f) 的線點圖中。

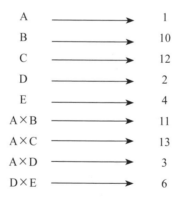

如上對應後配置因子即可。

Note

8.2 直交配列實驗的數據解析

➤ 變異數分析的方法

例題 8-5

列舉 4 個因子（A、B、C、D），在 L_8 直交配列表上計畫實驗。以交互作用來說，被考慮的是 A×B，因之將因子與行如下對應進行配置。

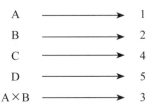

```
A  ──────────→  1
B  ──────────→  2
C  ──────────→  4
D  ──────────→  5
A×B ─────────→  3
```

實施實驗的結果，如下得出有關測量值 Y 的數據。

行號	第1行	第2行	第3行	第4行	第5行	第6行	第7行	實驗數據
配置因子	A	B	A×B	C	D			
1	1	1	1	1	1	1	1	2.1
2	1	1	1	2	2	2	2	3.3
3	1	2	2	1	1	2	2	2.2
4	1	2	2	2	2	1	1	3.6
5	2	1	2	1	2	1	2	3.4
6	2	1	2	2	1	2	1	3.3
7	2	2	1	1	2	2	1	2.9
8	2	2	1	2	1	1	2	3.6
基本表示	a	b	ab	c	ac	bc	abc	

試解析此實驗數據。

■平方和的計算

根據 2 水準的直交配列表實驗所得數據的平方和，可如下求得。

如將第 i 行的平方和當作 $S(i)$ 時：

1. L_8 的情形

$$S(i) = \{ \left(第 \ 1 \ 水準的數據和 \right) - \left(第 \ 2 \ 水準的數據和 \right) \}^2/8$$

2. L_{18} 的情形

$$S(i) = \{ \left(第 \ 1 \ 水準的數據和 \right) - \left(第 \ 2 \ 水準的數據和 \right) \}^2/16$$

譬如，在第 3 行配置因子 A 時，即為

$$S_A = S(3)$$

誤差平方和 S_e 是從全體的平方和減去已配置因子之行的平方和的合計後即可求出。

■變異數分析

本例題的變異數分析之結果如下。

變異數分析表

要因	平方和	自由度	變異數	變異比	P 值
A	0.500	1	0.500	5.882	0.1361
B	0.005	1	0.005	0.059	0.8310
A×B	0.045	1	0.045	0.529	0.5425
C	1.280	1	1.280	15.059	0.0604
D	0.500	1	0.500	5.882	0.1361
誤差	0.170	2	0.085		
合計	2.500	7			

此處，將變異比較小（P 值較大）的因子併入誤差中。

要因配置實驗時，主效果不合併，但直交配列實驗時，即使是主效果也可當作合併的對象。

本例題，B 與 A×B 併入誤差中。

另外，交互作用 A×B 不併入誤差時，因子 A 與 B 也不併入誤差中。

合併後的變異數分析表

要因	平方和	自由度	變異數	變異比	P 值
A	0.500	1	0.500	9.091	0.0394
C	1.280	1	1.280	23.273	0.0085
D	0.500	1	0.500	9.091	0.0394
誤差	0.220	4	0.055		
合計	2.500	7			

因子 A、C、D 的 P 值均比 0.05 小,所以是顯著的。

Tea Break

　除了作為一般主實驗外,2 水準的直交表常被利用來做「篩選實驗」(screen experiments)及「干擾實驗」(noise experiments)。當你要從許多因子中,篩選出比較重要的因子時,可以進行「篩選實驗」。當你要將幾個干擾因子複合(compound)成單一的干擾因子時,可以進行「干擾實驗」。這種實驗通常只取 2 個水準值,而且大部分的情況下忽略交互作用。

　2 水準直交表也常被用來作為「外直交表」(outer arrays)。直交表 $L_4(2^3)$, $L_8(2^7)$, $L_{16}(2^{15})$, $L_{32}(2^{31})$ 稱為「純」2 水準的直交表,因為它們都符合 $L_n(2^{n-1})$ 的形式,其中 n = 2p。這種直交表的特點是讓你可以進行「全因子實驗」。一個 $L_n(2^{n-1})$ 的直交表,其中 n = 2p,可以讓你評估 p 個因子效應及所有交互作用,包含二因子間及二個以上因子間的交互作用。譬如 $L_8(2^7)$ 直交表可以評估 3 個因子(A, B, C)的因子效應、二因子間的交互作用(A×B, B×C, C×A),以及 3 因子間的交互作用(A×B×C)。

➤利用 EXCEL 解析直交表數據

■L_8 直交配列表的變異數分析

1. 步驟1：直交表的輸入

	A	B	C	D	E	F	G	H	I
1	L8	直交表							
2	行號	1行	2行	3行	4行	5行	6行	7行	
3	因子配置								
4	數據								
5		1	1	1	1	1	1	1	
6		1	1	1	2	2	2	2	
7		1	2	2	1	1	2	2	
8		1	2	2	2	2	1	1	
9		2	1	2	1	2	1	2	
10		2	1	2	2	1	2	1	
11		2	2	1	1	2	2	1	
12		2	2	1	2	1	1	2	
13	基本表示	a	b	ab	c	ac	bc	abc	
14									
15									

【儲存格內容】

B4;=IF(B3=" ",B2,B3)　　　（將 B4 從 C4 複製至 H4）

2. 步驟2：數據與配置因子的輸入

A1		▼	f_x	L8				
	A	B	C	D	E	F	G	H	I
---	---	---	---	---	---	---	---	---	---
1	L8	直交表							
2	行號	1行	2行	3行	4行	5行	6行	7行	
3	因子配置	A	B	A×B	C	D			
4	數據	A	B	A×B	C	D	6行	7行	
5	2.1	1	1	1	1	1	1	1	
6	3.3	1	1	1	2	2	2	2	
7	2.2	1	2	2	1	1	2	2	
8	3.6	1	2	2	2	2	1	1	
9	3.4	2	1	2	1	2	1	2	
10	3.3	2	1	2	2	1	2	1	
11	2.9	2	2	1	1	2	2	1	
12	3.6	2	2	1	2	1	1	2	
13	基本表示	a	b	ab	c	ac	bc	abc	
14									
15									

3. 步驟3：平方和、平均值、要因效果的計算

	A	B	C	D	E	F	G	H	I
	A1		fx	L8					
1	L8	直交表							
2	行號	1行	2行	3行	4行	5行	6行	7行	
3	因子配置	A	B	A×B	C	D			
4	數據	A	B	A×B	C	D	6行	7行	
5	2.1	1	1	1	1	1	1	1	
6	3.3	1	1	1	2	2	2	2	
7	2.2	1	2	2	1	1	2	2	
8	3.6	1	2	2	2	2	1	1	
9	3.4	2	1	2	1	2	1	2	
10	3.3	2	1	2	2	1	2	1	
11	2.9	2	2	1	1	2	2	1	
12	3.6	2	2	1	2	1	1	2	
13	基本表示	a	b	ab	c	ac	bc	abc	
14	平方和	0.5	0.005	0.045	1.28	0.5	0.125	0.045	
15									
16	平均值	A	B	A×B	C	D	6行	7行	
17	水準1	2.8	3.025	2.975	2.65	2.8	3.175	2.975	
18	水準2	3.3	3.075	3.125	3.45	3.3	2.975	3.125	
19									
20	要因效果	A	B	A×B	C	D	6行	7行	
21	水準1	-0.25	-0.025	-0.075	-0.4	-0.25	0.125	-0.075	
22	水準2	0.25	0.025	0.075	0.4	0.25	-0.125	0.075	
23									

【儲存格內容】

B14;=SUMIF(B5:B12,1,$A$5:$A$12)
    -SUMIF(B5:B12,2,$A$5:$A$12)^2/8

（將 B14 由 C14 複製至 H14）

B16;=B4　　　　　　　　　　　（將 B16 由 C16 複製至 H16）
B17;=SUMIF(B5:B12,1,$A$5:$A$12)/4

（將 B17 由 C17 複製至 H17）

B18;=SUMIF(B5:B12,2,$A$5:$A$12)/4

（將 B18 由 C18 複製至 H18）

B20;=B4　　　　　　　　　　　（將 B20 由 C20 複製至 H20）
B21;=B17-AVERAGE($A$5:$A$12)

（將 B21 由 C21 複製至 H21）

B22;=B18-AVERAGE($A$5:$A$12)

（將 B22 由 C22 複製至 H22）

4.步驟4：變異數分析表的製作

	A	B	C	D	E	F	G	H	I
24		<<<變異數分析表>>>							
25		要因	平方和	自由度	變異數	變異比	p值	判定	
26		A	0.500	1	0.5	5.8824	0.1361		
27		B	0.005	1	0.005	0.0588	0.8310		
28		A×B	0.045	1	0.045	0.5294	0.5425		
29		C	1.280	1	1.28	15.0588	0.0604		
30		D	0.500	1	0.5	5.8824	0.1361		
31									
32									
33		誤差	0.170	2	0.085				
34		合計	2.500	7					
35		（檢算）	2.500						
36		顯著水準	0.05						
37									
38									

【儲存格內容】

B26;=IF(B3=" "," ",B3)

B27;=IF(C3=" "," ",C3)

B28;=IF(D3=" "," ",D3)

B29;=IF(E3=" "," ",E3)

B30;=IF(F3=" "," ",F3)

B31;=IF(G3=" "," ",G3)

B32;=IF(H3=" "," ",H3)

B33;=IF(COUNTA(B3:H3)=7," "," 誤差 ")

B34; 合計

C26;=IF(B3=" "," ",B14)

C27;=IF(C3=" "," ",C14)

C28;=IF(D3=" "," ",D14)

C29;=IF(E3=" "," ",E14)

C30;=IF(F3=" "," ",F14)

C31;=IF(G3=" "," ",G14)

C32;=IF(H3=" "," ",H14)

C33;=IF(B33=" "," ",C34-SUM(C26:C32))

C34;=DEVSQ(A5:A12)

C35;=SUM(C26:C33)

C36;0.05　　　　　　　　　（顯著水準）

D26;=IF(B26=" "," ",1)　　　（將 D26 由 D27 複製至 D32）

D33;=IF(B33=" "," ",7-SUM(D26:D32))

D34;=SUM(D26:D33)

E26;=IF(B26=" "," ",C26/D26)　　　（將 E26 由 E27 複製至 E33）

F26;=IF($B$33=" "," ",IF(B26=" "," ",E26/$E$33))

　　　　　　　　　　　　　　　　　（將 F26 由 F27 複製至 F32）

G26;=IF(F26=" "," ",F.DIST(F26,D26,$D$33))

　　　　　　　　　　　　　　　　　（將 G26 由 G27 複製至 G32）

H26;=IF(G26=" "," ",IF(G26<$C$36,"*"," "))

　　　　　　　　　　　　　　　　　（將 H26 由 H27 複製至 H32）

5.步驟5：合併後的變異數分析表的製作

	A	B	C	D	E	F	G.	H	I
	A39	▼	fx	合併					
39	合併		<<<合併後的變異數分析表>>>						
40	↓	要因	平方和	自由度	變異數	變異比	p值	判定	
41		A	0.5	1	0.5	9.0909	0.0394	*	
42	B								
43	AB								
44		C	1.28	1	1.28	23.2727	0.0085	*	
45		D	0.5	1	0.5	9.0909	0.0394	*	
46									
47									
48		誤差	0.22	4	0.055				
49		合計	2.5	7					
50									
51									

　　在想合併之因子的左鄰儲存格（A41 到 A47）輸入任意的字母時，則該因子設計成使之被併入誤差中。

【儲存格內容】

B40;=B25　　　　　　　　　　　　　　　（將 B40 由 C40 複製至 H40）

B41;=IF(A41="",B26,"")　　　　　　　　（將 B41 由 B42 複製至 B47）

B48;=IF(COUNT(A41:A47)=0,B33," 誤差 ")

B49;=B34

C41;=IF(B41="","",C26)　　　　　　　　（將 C41 由 C42 複製至 C47）

C48;=IF(B48="","",C34-SUM(C41:C47))

C49;=C34

D41;=IF(B41="","",D26)　　　　　　　　（將 D41 由 D42 複製至 D47）

D48;=IF(B48="","",D34-SUM(D41:D47))

D49;=D34

E41;=IF(B41="","",C41/D41)　　　　　　（將 E41 由 E42 複製至 E48）

F41;=IF($B$48="","",IF(B41="","",E41/$E$48))

　　　　　　　　　　　　　　　　　（將 F41 由 F42 複製至 F47）

G41;=IF(F41="","",F.DIST(F41,D41,$D$48))

（將 G41 由 G42 複製至 G47）

H41;=IF(G41="","",IF(G41<$C$36,"*",""))

（將 H41 由 H42 複製至 H47）

■L_{16} 直交配列表的變異數分析

1.步驟1：直交表的輸入

	A	B	C	D	E	F	G	H	I	J	K	L	M	N	O	P
	A1	▼		*fx*	L8											
1	L8	直交表														
2	行號	1行	2行	3行	4行	5行	6行	7行	8行	9行	10行	11行	12行	13行	14行	15行
3	因子配置															
4	數據	1行	2行	3行	4行	5行	6行	7行	8行	9行	10行	11行	12行	13行	14行	15行
5		1	1	1	1	1	1	1	1	1	1	1	1	1	1	1
6		1	1	1	1	1	1	1	2	2	2	2	2	2	2	2
7		1	1	1	2	2	2	2	1	1	1	1	2	2	2	2
8		1	1	1	2	2	2	2	2	2	2	2	1	1	1	1
9		1	2	2	1	1	2	2	1	1	2	2	1	1	2	2
10		1	2	2	1	1	2	2	2	2	1	1	2	2	1	1
11		1	2	2	2	2	1	1	1	1	2	2	2	2	1	1
12		1	2	2	2	2	1	1	2	2	1	1	1	1	2	2
13		2	1	2	1	2	1	2	1	2	1	2	1	2	1	2
14		2	1	2	1	2	1	2	2	1	2	1	2	1	2	1
15		2	1	2	2	1	2	1	1	2	1	2	2	1	2	1
16		2	1	2	2	1	2	1	2	1	2	1	1	2	1	2
17		2	2	1	1	2	2	1	1	2	2	1	1	2	2	1
18		2	2	1	1	2	2	1	2	1	1	2	2	1	1	2
19		2	2	1	2	1	1	2	1	2	2	1	2	1	1	2
20		2	2	1	2	1	1	2	2	1	1	2	1	2	2	1
21	基本表示	a	b	ab	c	ac	bc	abc	d	ad	bd	abd	cd	acd	bcd	abcd
22																
23																

【儲存格內容】

B4;=IF(B3="",B2,B3)　　　（將 B4 由 C4 複製至 P4）

2.步驟2：數據與配置因子的輸入

A1		fx	L8												
	A	B	C	D	E	F	G	H	I	J	K	L	M	N	O	P

	A	B	C	D	E	F	G	H	I	J	K	L	M	N	O	P
1	L8	直交表														
2	行號	1行	2行	3行	4行	5行	6行	7行	8行	9行	10行	11行	12行	13行	14行	15行
3	因子配置	A	B	A×B	C	A×C	B×C		D	E				F	G	H
4	數據	A	B	A×B	C	A×C	B×C	7行	D	E	10行	11行	12行	F	G	H
5	30.6	1	1	1	1	1	1	1	1	1	1	1	1	1	1	1
6	29.3	1	1	1	1	1	1	1	2	2	2	2	2	2	2	2
7	30	1	1	1	2	2	2	2	1	1	1	1	2	2	2	2
8	28	1	1	1	2	2	2	2	2	2	2	2	1	1	1	1
9	29.2	1	2	2	1	1	2	2	1	1	2	2	1	1	2	2
10	28.3	1	2	2	1	1	2	2	2	2	1	1	2	2	1	1
11	30.5	1	2	2	2	2	1	1	1	1	2	2	2	2	1	1
12	28.7	1	2	2	2	2	1	1	2	2	1	1	1	1	2	2
13	29.6	2	1	2	1	2	1	2	1	2	1	2	1	2	1	2
14	31	2	1	2	1	2	1	2	2	1	2	1	2	1	2	1
15	30.8	2	1	2	2	1	2	1	1	2	1	2	2	1	2	1
16	28.9	2	1	2	2	1	2	1	2	1	2	1	1	2	1	2
17	30.5	2	2	1	1	2	2	1	1	2	2	1	1	2	2	1
18	32.2	2	2	1	1	2	2	1	2	1	1	2	2	1	1	2
19	31.3	2	2	1	2	1	1	2	1	2	2	1	2	1	1	2
20	31.2	2	2	1	2	1	1	2	2	1	1	2	1	2	2	1
21	基本表示	a	b	ab	c	ac	bc	abc	d	ad	bd	abd	cd	acd	bcd	abcd
22																

3.步驟3：平方和、平均值、要因效果的計算

R21		fx													

	A	B	C	D	E	F	G	H	I	J	K	L	M	N	O	P
1	L8	直交表														
2	行號	1行	2行	3行	4行	5行	6行	7行	8行	9行	10行	11行	12行	13行	14行	15行
3	因子配置	A	B	A×B	C	A×C	B×C		D	E				F	G	H
4	數據	A	B	A×B	C	A×C	B×C	7行	D	E	10行	11行	12行	F	G	H
5	30.6	1	1	1	1	1	1	1	1	1	1	1	1	1	1	1
6	29.3	1	1	1	1	1	1	1	2	2	2	2	2	2	2	2
7	30	1	1	1	2	2	2	2	1	1	1	1	2	2	2	2
8	28	1	1	1	2	2	2	2	2	2	2	2	1	1	1	1
9	29.2	1	2	2	1	1	2	2	1	1	2	2	1	1	2	2
10	28.3	1	2	2	1	1	2	2	2	2	1	1	2	2	1	1
11	30.5	1	2	2	2	2	1	1	1	1	2	2	2	2	1	1
12	28.7	1	2	2	2	2	1	1	2	2	1	1	1	1	2	2
13	29.6	2	1	2	1	2	1	2	1	2	1	2	1	2	1	2
14	31	2	1	2	1	2	1	2	2	1	2	1	2	1	2	1
15	30.8	2	1	2	2	1	2	1	1	2	1	2	2	1	2	1
16	28.9	2	1	2	2	1	2	1	2	1	2	1	1	2	1	2
17	30.5	2	2	1	1	2	2	1	1	2	2	1	1	2	2	1
18	32.2	2	2	1	1	2	2	1	2	1	1	2	2	1	1	2
19	31.3	2	2	1	2	1	1	2	1	2	2	1	2	1	1	2
20	31.2	2	2	1	2	1	1	2	2	1	1	2	1	2	2	1
21	基本表示	a	b	ab	c	ac	bc	abc	d	ad	bd	abd	cd	acd	bcd	abcd
22	平方和	7.29	0.9025	2.25	0.09	0.0625	1.21	0.5625	1.5625	3.24	0.4225	0.16	2.89	0.7225	0.09	0.2025
23																
24	平均值	A	B	A×B	C	A×C	B×C	7行	D	E	10行	11行	12行	F	G	H
25	水準1	29.338	29.775	30.388	30.088	29.95	30.288	30.2	30.325	30.463	30.175	29.913	29.588	30.225	29.938	30.125
26	水準2	30.688	30.25	29.638	29.938	30.075	29.738	29.825	29.7	29.563	29.85	30.113	30.438	29.8	30.088	29.9
27																
28	要因效果	A	B	A×B	C	A×C	B×C	7行	D	E	10行	11行	12行	F	G	H
29	水準1	-0.675	-0.237	0.375	0.075	-0.062	0.275	0.1875	0.3125	0.45	0.1625	-0.1	-0.425	0.2125	-0.075	0.1125
30	水準2	0.675	0.2375	-0.375	-0.075	0.0625	-0.275	-0.188	-0.312	-0.45	-0.162	0.1	0.425	-0.213	0.075	-0.112
31																

【儲存格內容】

B22;=(SUMIF(B5:B20,1,$A$5:$A$20)
　　　　-SUMIF(B5:B20,2,$A$5:$A$20))^2/16

（將 B22 由 C22 複製至 P22）

B24;=B4　　　　　　　　　　　　　　　　　　（將 B24 由 C24 複製至 P24）
B25;=SUMIF(B5:B20,1,$A$5:$A$20)/8

（將 B25 由 C25 複製至 P25）

B26;=SUMIF(B5:B20,2,$A$5:$A$20)/8

（將 B26 由 C26 複製至 P26）

B28;=B4　　　　　　　　　　　　　　　　　　（將 B28 由 C28 複製至 P28）
B29;=B25-AVERAGE($A$5:$A$20)

（將 B29 由 C29 複製至 P29）

B30;=B26-AVERAGE($A$5:$A$20)

（將 B30 由 C30 複製至 P30）

4. 步驟4：變異數分析的製作

	C52	▼	f_x	0.05				
	A	B	C	D	E	F	G	H	I
31									
32		<<<變異數分析表>>>							
33		要因	平方和	自由度	變異數	變異比	p值	判定	
34		A	7.29	1	7.29	7.2268	0.0548		
35		B	0.9025	1	0.9025	0.8947	0.3978		
36		A×B	2.25	1	2.25	2.2305	0.2096		
37		C	0.09	1	0.09	0.0892	0.7800		
38		A×C	0.0625	1	0.0625	0.0620	0.8157		
39		B×C	1.21	1	1.21	1.1995	0.3349		
40									
41		D	1.5625	1	1.5625	1.5489	0.2812		
42		E	3.24	1	3.24	3.2119	0.1476		
43									
44									
45									
46		F	0.7225	1	0.7225	0.7162	0.4450		
47		G	0.09	1	0.09	0.0892	0.7800		
48		H	0.2025	1	0.2025	0.2007	0.6773		
49		誤差	4.035	4	1.00875				
50		合計	21.6675	15					
51		(檢算)	21.6675						
52		顯著水準	0.05						
53									

【儲存格內容】

B34;=IF(B3=" "," ",B3)
B35;=IF(C3=" "," ",C3)
B36;=IF(D3=" "," ",D3)
B37;=IF(E3=" "," ",E3)
B38;=IF(F3=" "," ",F3)
B39;=IF(G3=" "," ",G3)
B40;=IF(H3=" "," ",H3)
B41;=IF(I3=" "," ",I3)
B42;=IF(J3=" "," ",J3)
B43;=IF(K3=" "," ",K3)
B44;=IF(L3=" "," ",L3)
B45;=IF(M3=" "," ",M3)
B46;=IF(N3=" "," ",N3)
B47;=IF(O3=" "," ",O3)
B48;=IF(P3=" "," ",P3)
B49;=IF(COUNTA(B3:P3)=15," "," 誤差 ")
B50;= 合計
C34;=IF(B3=" "," ",B22)
C35;=IF(C3=" "," ",C22)
C36;=IF(D3=" "," ",D22)
C37;=IF(E3=" "," ",E22)
C38;=IF(F3=" "," ",F22)
C39;=IF(G3=" "," ",G22)
C40;=IF(H3=" "," ",H22)
C41;=IF(I3=" "," ",I22)
C42;=IF(J3=" "," ",J22)
C43;=IF(K3=" "," ",K22)
C44;=IF(L3=" "," ",L22)
C45;=IF(M3=" "," ",M22)
C46;=IF(N3=" "," ",N22)
C47;=IF(O3=" "," ",O22)
C48;=IF(P3=" "," ",P22)
C49;=IF(B49=" "," ",C50-SUM(C34:C48))
C50;=DEVSQ(A5:A20)
C51;=SUM(C34;C49)

C52;0.05 　　　　　　　　　　　（顯著水準）

D34;=IF(B34=" "," ",1) 　　　　　（將 D34 由 D35 複製至 D48）

D49;=IF(B49=" "," ",15-SUM(D34:D48))

D50;=SUM(D34:D49)

E34;=IF(B34=" "," ",C34/D34) 　　（將 E34 由 E35 複製至 E49）

F34;=IF($B$49=" "," ",IF(B34=" "，" ",E34/$E$49))

　　　　　　　　　　　　　　　（將 F34 由 F35 複製至 F48）

G34;=IF(F34=" "," ",F.DIST(F34,D34,$D$49))

　　　　　　　　　　　　　　　（將 G34 由 G35 複製至 G48）

H34;=IF(G34=" "," ",IF(G34<$C$52，"*"，" "))

　　　　　　　　　　　　　　　（將 H34 由 H35 複製至 H48）

5. 步驟5：合併後的變異數分析表的製作

	A55		▼	fx	合併			
	A	B	C	D	E	F	G	H	I
55	合併	<<<合併後的變異數分析表>>>						
56	↓	要因	平方和	自由度	變異數	變異比	p值	判定
57		A	7.29	1	7.29	9.1458	0.0106	*
58	B							
59	AB							
60	C							
61	AC							
62	BC							
63								
64		D	1.5625	1	1.5625	1.9603	0.1868	
65		E	3.24	1	3.24	4.0648	0.0667	
66								
67								
68								
69	F							
70	G							
71	H							
72		誤差	9.565	12	0.797083			
73		合計	21.6575	15				
74								

　　在想合併之因子的左鄰儲存格（A57 到 A71）輸入任意的字母時，該因子設計成使之被併入誤差中。

【儲存格內容】

B56;=B33 　　　　　　　　　　（將 B56 由 C56 複製至 H56)

B57;=IF(A57=" ",B34," ")

B72;=IF(COUNT(A57:A71)=0,B49," 誤差 ")

B73;=B50

C57;=IF(B57=" "," ",C34)　　　　　　　　　（將 C57 由 C58 複製至 C71）

C72;=IF(B72=" "," ",C50-SUM(C57:C71))

C73;=C50

D57;=IF(B57=" "," ",D34)　　　　　　　　　（將 D57 由 D58 複製至 D71）

D72;=IF(B72=" "," ",D50-SUM(D57:D71))

D73;=D50

E57;=IF(B57=" "," ",C57/D57)　　　　　　　（將 E57 由 E58 複製至 E72）

F57;=IF($B$72=" "," ",IF(B57=" "," ",E57/$E$72))

　　　　　　　　　　　　　　　　　　　　　（將 F57 由 F58 複製至 F71）

G57;=IF(F57=" "," ",F.DIST(F57,D57,$D$72))

　　　　　　　　　　　　　　　　　　　　　（將 G57 由 G58 複製至 G71）

H57;=IF(F57=" "," ",IF(G57<$C$52,"*"," "))

　　　　　　　　　　　　　　　　　　　　　（將 H57 由 H58 複製至 H71）

知識補充站

1. 全因子設計

- 考量各因子的水準，生成每種組合。
- 水準越多或是因子數越多，效率越低及成本越高。
- 優點：可以估計所有交互作用項，並且比一次一因子及試誤法考慮更全面。
- 缺點：太多實驗次數，成本過高。

2. 部分因子設計

部分設計是實驗者僅執行全因子設計中的選定製程或部分製程的設計。當資源有限或設計中的因子數很大時，部分因子設計是一種很好的選擇，因為它們比全因子設計使用的製程數要少。

部分因子設計使用全因子設計的子集，因此一些主效應與雙向交互作用混雜，而且不能與高階交互作用的效應中分開。通常，試驗中會假設高階效應可忽略，以便通過少數幾個製程獲得有關主效應和低階交互作用的資訊。

第 9 章
多重比較分析

本章內容

9.1 最小顯著差法

➤ 最小顯著差的實際情形

例題 9-1

以提高某產品的伸縮強度的條件來說,列舉了硬化劑的種類作為因子進行實驗。實驗中列舉的硬化劑全部有 4 種,各水準的重複數當作 5 次,以隨機順序進行合計 20 次的實驗,由實驗所得到的數據(伸縮強度)如下表。

數據表

A_1	A_2	A_3	A_4
30	32	36	31
31	33	32	30
26	29	34	32
27	28	35	27
29	29	36	30

對此數據進行變異數分析的結果,得出如下的變異數分析表,因子 A 是顯著的。

變異數分析表

要因	平方和	自由度	變異數	F 值	F(0.05)	P 值
A	101.35	3	33.783	8.832	3.239	0.00110
誤差	61.20	16	3.825			
計	162.55	19				

此處,試檢討伸縮強度最高的水準 A_3 與次高的水準 A_2 之間有無顯著差。

■ 變異數分析與多重比較

變異數分析雖然是以統計的方式判定數個水準間是否有差異的手法,但哪一個水準間有差異並不得知。因此,注視特定的 2 個水準,為了判定水準間是否有差異,可以使用稱為多重比較的方法。

通常觀察 2 個水準間的母平均是否有差異可以使用 t 檢定。因此,像本例題水準有 4 個時，從 4 個水準之中，選出每 2 個水準，就 6（$_4C_2$）種組合，重複應用此檢定似乎可行。可是，此方法中 6 次的檢定全體的顯著水準無法保持公稱之值（通常 5% 最常使用），因之就變成不適切的方法了。

重複檢定時，爲了保持檢定整體的顯著水準，在各個檢定中進行顯著水準或值的調整再檢定的方法稱爲多重比較。

■多重比較的種類

多重比較已提出許多方法，應用的場合也不同，以下列舉幾個：
1. 最小顯著差法（Fisher's LSD 法）
2. Bonferroni 法
3. Tukey 法
4. Dunnett 法
5. Scheffe 法

除上述外也仍有許多方法。本書決定從這些之中列舉 EXCEL 能簡單實施的最小顯著差法及 Bonferroni 法來說明。

■最小顯著差法

在變異數分析中使用費雪的 LSD 方法，是爲了在因子的水準之間的所有配對差異中建立信賴區間，同時將個別錯誤率保持在指定的顯著水準。費雪的 LSD 方法是使用個別錯誤率和比較數，計算所有信賴區間的同時信賴水準。該同時信賴水準是所有信賴區間都包含眞實差異的機率。在進行多重比較時，重要的是要考慮整體錯誤率。這是因爲在一系列比較中出現第一型錯誤的機率高於一次比較的錯誤率。

例如，假設您要測量晶片的反應時間。從 5 家抽取了 25 個晶片作爲樣本。變異數分析得出的 P 值爲 0.01，因此我們得出結論，製造商的平均值中至少有 1 個與其他平均值不同。

接著，我們將檢查 5 家製造商之間的所有 10 次比較，以確定哪些平均值不同。使用費雪的 LSD 方法，將各個比較的個別錯誤率指定爲 0.05（相當於 95% 的信賴水準或稱信賴係數）。利用 Minitab 做出了 10 個 95% 的信賴區間，並計算出該組集產生的同時信賴水準爲 71.79%。考慮到這一點之後，接著您可以查看信賴區間以識別包含零（表明存在顯著差異）的任何信賴區間。

■最小顯著差的步驟

計算步驟如下：
1. 實施變異數分析。

2. 注視變異數分析表中之誤差的自由度 ϕ_e 與變異數 V_e。
3. 使用此處 V_e，計算如下的統計量 t。
   此處，想比較的水準當作 i, j，
   第 i 水準的平均值設為 $\bar{x}_i$，數據數設為 n_i，
   第 j 水準的平均值設為 $\bar{x}_j$，數據數設為 n_j。

$$t = \frac{\left| \bar{x}_i - \bar{x}_j \right|}{\sqrt{\left(\dfrac{1}{n_i} + \dfrac{1}{n_j} \right) V_e}}$$

4. 就此 t 值，求出在自由度 ϕ_e 中的 P 值。
5. 進行顯著性的判定。
   P 值 $\leq$ 顯著差→顯著
   P 值 $>$ 顯著差→不顯著

■解析結果

　本例題的結果如下：
　P 值 $= 0.026 < 0.05$
　所以是顯著。亦即，A_3 與 A_2 之間可以說有差異。

Tea Break

LSD（Least Significant Difference），最小顯著差法，是費雪於 1935 年提出的。用 t 檢定完成各組間的配對比較，檢定的敏感性高，各個水平間的均值存在微小的差異也有可能被檢定出來，但此方法對第一類棄真錯誤的機率不進行控制和調整。

實踐中一般不選用 LSD，而選用 Dunnett's t 檢定（對照組比較）和 SNK q 檢定（兩兩比較），但是 LSD 的歷史意義是不可磨滅的。

註：SNK 為 Student-Newman-Keuls 多重比較法，比 Tukey 較不會犯型二錯誤。

➤ 利用 EXCEL 的解法

■利用 EXCEL 的最小顯著差法

1.步驟1：資料的輸入與變異數分析的實施

此步驟的詳細情形參照一元配置法的做法。

	A	B	C	D	E	F
1	A	數據	平均值	誤差	主效果	
2	1	30	28.6	1.4	-2.25	
3	1	31	28.6	2.4	-2.25	
4	1	26	28.6	-2.6	-2.25	
5	1	27	28.6	-1.6	-2.25	
6	1	29	28.6	0.4	-2.25	
7	2	32	30.2	1.8	-0.65	
8	2	33	30.2	2.8	-0.65	
9	2	29	30.2	-1.2	-0.65	
10	2	28	30.2	-2.2	-0.65	
11	2	29	30.2	-1.2	-0.65	
12	3	36	34.6	1.4	3.75	
13	3	32	34.6	-2.6	3.75	
14	3	34	34.6	-0.6	3.75	
15	3	35	34.6	0.4	3.75	
16	3	36	34.6	1.4	3.75	
17	4	31	30	1	-0.85	
18	4	30	30	0	-0.85	
19	4	32	30	2	-0.85	
20	4	27	30	-3	-0.85	
21	4	30	30	0	-0.85	

◄ ◄ ► ►◄ \ Sheet1 / Sheet2 / Sheet3 /

請注意儲存格 H1 是要算出水準數，I6 是要算出誤差的自由度，J6 是要算出誤差的變異數。

	G	H	I	J	K	L	M	N	O
1	水準數	4							
2									
3	變異數分析表								
4	要因	平方和	自由度	變異數	F值	f(0.05)	p值		
5	A	101.35	3	33.783	8.832	3.239	0.0011		
6	誤差	61.2	16	3.825					
7	計	162.55	19						
8									
9									
10									

Sheet1 / Sheet2 / Sheet3

2. 步驟2：計算各水準的平均值。

	G	H	I	J	K	L
10	各水準的平均值					
11	水準	數據數	平均值			
12	1	5	28.6			
13	2	5	30.2			
14	3	5	34.6			
15	4	5	30			
16						
17						

【儲存格內容】

從 G12 到 G15 輸入水準。

H12;=COUNTIF(A:A,G12)　　　　　　（將 H12 從 H13 複製到 H15）

I12;=SUMIF(A:A,G12,B:B)/H12　　　　（將 I12 從 I13 複製到 I15）

3. 步驟3：計算P值

	G	H	I	J	K	L
10	各水準的平均值					
11	水準	數據數	平均值			
12	1	5	28.6			
13	2	5	30.2			
14	3	5	34.6			
15	4	5	30			
16						
17						
18						
19	最小顯著差法					
20	水準(1)	水準(2)	差	t值	p值	
21	1	2	-1.6	1.2935	0.2142	
22	1	3	-6	4.8507	0.0002	
23	1	4	-1.4	1.1318	0.2744	
24	2	3	-4.4	3.5572	0.0026	
25	2	4	0.2	0.1617	0.8736	
26	3	4	4.6	3.7189	0.0019	

【儲存格內容】

從 G21 到 H26 輸入水準。

I21;=INDEX($I$12:$I$15,G21)-INDEX($I$12:$I$15,H21)

J21;=ABS(I21)/SQRT($J$6*(1/INDEX($H$12:$H$15,G21)+
    1/INDEX($H$12:$H$15,H21)))

K21;=T.DIST(J21,$I$6,2)

（將 I21 到 K21 複製到從 I22 到 K26）

9.2 Bonferroni法

➢ Bonferroni 法的實際情形

例題 9-2（例題 9-1 的變更）

以提高某產品的伸縮強度的條件來說，列舉了硬化劑的種類作爲因子進行實驗。實驗中列舉的硬化劑全部有 4 種，各水準的重複數當作 5 次，以隨機順序進行合計 20 次的實驗，由實驗所得到的數據（伸縮強度）如下表。

A_1	A_2	A_3	A_4
30	32	36	31
31	33	32	30
26	29	34	32
27	28	35	27
29	29	36	30

將此數據進行變異數分析的結果，得出如下的變異數分析表，因子 A 是顯著。

變異數分析表

要因	平方和	自由度	變異數	F 值	F(0.05)	P 值
A	101.35	3	33.783	8.832	3.239	0.00110
誤差	61.20	16	3.825			
計	162.55	19				

此處，試檢討哪一水準間有顯著差呢？

■Bonferroni 法的應用場合

想比較的特定 2 個水準有 k 組時所使用的方法。本例題是對 4 個水準的所有組合想進行水準間的比較，因之是考察 6 組的組合。與剛才的最小顯著差法不同的是，在於調整所得到的 P 值此點。具體言之，將 P 值 k 倍，當作正式的 P 值。

■Bonferroni 法的步驟

計算步驟如下：

1. 實施變異數分析。
2. 注視變異數分析表中的誤差的自由度 ϕ_e 與變異數 V_e。
3. 使用此 V_e 計算如下的 t 統計量。
   此處想比較的水準當作 i, j，
   第 i 水準的平均值設為 $\bar{x}_i$，數據數設為 n_i，
   第 j 水準的平均值設為 $\bar{x}_j$，數據數設為 n_j。

$$t = \frac{\left|\bar{x}_i = \bar{x}_j\right|}{\sqrt{\left(\dfrac{1}{n_i} + \dfrac{1}{n_j}\right)V_e}}$$

4. 就此 t 值，求出在自由度 ϕ_e 中的 P 值（當作 P' 值）。
5. 求調整後的 P 值。
   P 值 $= k \times P'$
6. 進行顯著差的判定
   P 值 ≤ 顯著水準→顯著
   P 值 > 顯著水準→不顯著

■解析結果

本例題的結果如下：

A_1 與 A_2 之差　　P 值 $= 1.0000 > 0.05$
A_1 與 A_3 之差　　P 值 $= 1.0011 < 0.05$
A_1 與 A_4 之差　　P 值 $= 1.0000 > 0.05$
A_2 與 A_3 之差　　P 值 $= 1.0158 > 0.05$
A_2 與 A_4 之差　　P 值 $= 1.0000 > 0.05$
A_3 與 A_4 之差　　P 值 $= 1.0112 < 0.05$

A_3 與其他的水準間可以說有差異。另一方面，A_1, A_2, A_4 之間不能說有顯著差。

➢ 利用 EXCEL 的解法

■步驟 1：數據的輸入與變異數分析的實施

與最小顯著差法相同。此步驟的詳細情形參照一元配置法的做法。

	A	數據	平均值	誤差	主效果
1	A	數據	平均值	誤差	主效果
2	1	30	28.6	1.4	-2.25
3	1	31	28.6	2.4	-2.25
4	1	26	28.6	-2.6	-2.25
5	1	27	28.6	-1.6	-2.25
6	1	29	28.6	0.4	-2.25
7	2	32	30.2	1.8	-0.65
8	2	33	30.2	2.8	-0.65
9	2	29	30.2	-1.2	-0.65
10	2	28	30.2	-2.2	-0.65
11	2	29	30.2	-1.2	-0.65
12	3	36	34.6	1.4	3.75
13	3	32	34.6	-2.6	3.75
14	3	34	34.6	-0.6	3.75
15	3	35	34.6	0.4	3.75
16	3	36	34.6	1.4	3.75
17	4	31	30	1	-0.85
18	4	30	30	0	-0.85
19	4	32	30	2	-0.85
20	4	27	30	-3	-0.85
21	4	30	30	0	-0.85

要注意儲存格 H1 是要求出水準數、I6 是要求出誤差的自由度、J6 是要求出誤差的變異數。

	G	H	I	J	K	L	M
1	水準數	4					
2							
3	變異數分析表						
4	要因	平方和	自由度	變異數	F值	f(0.05)	p值
5	A	101.35	3	33.783	8.832	3.239	0.0011
6	誤差	61.2	16	3.825			
7	計	162.55	19				

■步驟2：計算各水準的平均值

	G	H	I	J	K	L
10	各水準的平均值					
11	水準	數據數	平均值			
12	1	5	28.6			
13	2	5	30.2			
14	3	5	34.6			
15	4	5	30			

【儲存格內容】

從 G12 到 G15 輸入水準。

H12;=COUNT(A:A,G12)　　　　　　　　（將 H12 從 H13 複製到 H15）

I12;=SUMIF(A:A,G12,B:B)/H12　　　　（將 I12 從 I13 複製到 I15）

■步驟 3：計算 P 值

	G	H	I	J	K	L
10	各水準的平均值					
11	水準	數據數	平均值			
12	1	5	28.6			
13	2	5	30.2			
14	3	5	34.6			
15	4	5	30			
16						
17						
18						
19	Bonferroni法			組合數	6	
20	水準(1)	水準(2)	差	t值	p值	
21	1	2	-1.6	1.2935	1.0000	
22	1	3	-6	4.8507	0.0011	
23	1	4	-1.4	1.1318	1.0000	
24	2	3	-4.4	3.5572	0.0158	
25	2	4	0.2	0.1617	1.0000	
26	3	4	4.6	3.7189	0.0112	

【儲存格內容】

從 G21 到 H26 輸入水準。

K19;=COMBIN(H1,2)

I21;=INDEX($I$12:$I$15,G21)-INDEX($I$12:$I$15,H21)

J21;=ABS(I21)/SQRT($J$6*(1/INDEX($H$12:$H$15,G21)
　　　+1/INDEX($H$12:$H$15,H21))

（將 I21 到 K21 複製到由 I22 到 K26）

註：COMBIN 是傳回指定項目數的組合數目。使用 COMBIN 以決定指定項目數的可能
　　群組總數。

Tea Break

　　以典型的 Bonferroni 法加以說明。各母群體兩兩樣本平均數進行事後檢定時，乃因進行越多組檢定會使實際上的第一型錯誤機率 α 增加；Bonferroni 法將原設定的 α 再除以配對組數所得新的 α'（顯著水準），用以進行兩兩樣本平均數間的檢定以驗證差異。

　　我們選擇 P 值以 0.05 為界，來鑑定兩組是否有差異，但那是兩組！

　　當組數比較多時，這裡就有了一個陷阱，叫族錯誤率（family-wise error rate, FWER，又稱 experiment-wise significant level），即一族（多重）檢定做下來，犯 I 型錯誤的機率。每個檢定中犯 I 型錯誤的機率用 α 表示，也就是顯著性水準，就是我們緊盯著的 0.05——每個檢定裡，我們只允許自己有 5% 的機會犯 I 型錯誤。但要是做了 k 次檢定，整個實驗出現 I 型錯誤的機率就會累積。一個檢定犯錯誤的機率是 α，不犯錯誤的機率就是 $1 - \alpha$；於是 2 個檢定都不犯錯誤的機率就是 $(1 - \alpha) \times (1 - \alpha)$，$k$ 個檢定都不犯錯誤的機率就是 $(1 - \alpha)k$，最後 k 個檢定會犯錯誤的機率就是 $1 - (1 - \alpha)k$。即：

$$\text{FWER} = 1 - (1 - \alpha)^k$$

　　比如我們的實驗有 4 個組，那麼兩兩比較就要做的次數就是：$C(4,2) = 4 \times 3 / 2 \times 1 = 6$ 次。把 $k = 6$ 代入公式 $\text{FWER} = 1 - (1 - 0.05)^6 \approx 0.26$，也就是說，這一路檢定下來，如果每個檢定都給 5% 的機會去犯 I 型錯誤，那最後整個實驗犯 I 型錯誤的機率就會積累到了 26%！

Note

9.3 Tukey法

➢ Tukey 法的實際情形

例題 9-3

中科某工程師針對晶圓表面上 4 個位置,測得其厚度資料如下表所示。試以變異數分析法來檢定該晶圓表面上 4 個位置間的平均厚度是否有顯著差異,並檢討哪一水準間有顯著差。

數據表

位置 1	位置 2	位置 3	位置 4
12	14	21	10
15	17	24	12
18	12	25	16
10		20	
		23	

■Tukey 法的步驟

1. 步驟1:計算晶圓表面各位置的平均與變異數

組	個數	總和	平均	變異數
位置 1	4	55	13.75	12.25
位置 2	3	43	14.33333	6.333333
位置 3	5	113	22.6	4.3
位置 4	3	38	12.66667	9.333333

2. 步驟2:得出如下變異數分析表

變源	SS	自由度	MS	F	P 值	臨界值
組間	274.31	3	91.438	11.793	0.0009	3.5874
組內	85.283	11	7.7530			
總和	259.6	14				

3.步驟3：計算臨界值C.R.(MSD)

其中 $q_{\alpha(k,\,n-k)}$ 值查學生化全距數值附表。MSE 可由變異數分析表得之，n 為每組樣本數。（註：如每組的樣本數不同，則以 n^* 代之）

$$n^* = \frac{k}{\Sigma_{i=1}^{k}\frac{1}{n_j}} = \frac{k}{\frac{1}{n_1}+\frac{1}{n_2}+\cdots+\frac{1}{n_k}}$$

$$MSD = q_{\alpha(k,\,n-k)}\sqrt{\frac{MSE}{n^*}} = q_{0.05(4,11)}\sqrt{\frac{MSE}{n^*}}$$

$$= 4.256 \times \sqrt{\frac{7.75}{3.58}} = 6.27$$

$$n^* = \frac{4}{\frac{1}{4}+\frac{1}{3}+\frac{1}{5}+\frac{1}{3}} = 3.58$$

4.步驟4：比較 $|\overline{y_{i.}}-\overline{y_{j.}}|$ 與C.R.(MSD)並下結論

$\overline{y_{3.}} = 22.6$

$\overline{y_{2.}} = 14.33$

$\overline{y_{1.}} = 13.75$

$\overline{y_{4.}} = 12.67$

$|\overline{y_{1.}}-\overline{y_{2.}}| = 13.75 - 14.33 = 0.58$

$|\overline{y_{1.}}-\overline{y_{3.}}| = 13.75 - 22.6 = 8.85 > 6.27$

$|\overline{y_{1.}}-\overline{y_{4.}}| = 13.75 - 12.67 = 1.08$

$|\overline{y_{2.}}-\overline{y_{3.}}| = 14.33 - 22.6 = 8.27 > 6.27$

$|\overline{y_{2.}}-\overline{y_{4.}}| = 14.33 - 12.67 = 1.66$

$|\overline{y_{3.}}-\overline{y_{4.}}| = 22.6 - 12.67 = 9.93 > 6.27$

■解析結果

由以上分析知，位置 1 與位置 3 有差異，位置 2 與位置 3 有差異，位置 4 與位置 3 有差異。

➢ 利用 EXCEL 解法

■步驟 1：數據的輸入與變異數分析的實施

點選〔資料〕→〔資料分析〕→〔單因子變異數分析〕。

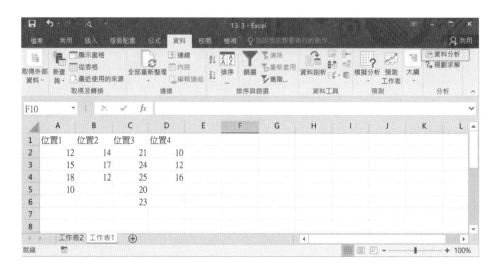

變異數分析表得出如下。

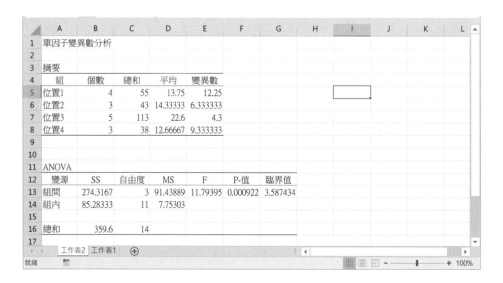

■步驟 2：計算各水準平均值之差的絕對值

【儲存格內容】
I21;=$D$5-D6 　　（從 I21 拖移複製到 I23）
I24;=$D$6-D7 　　（從 I24 拖移複製到 I25）
I26;=D7-D8
J21;=ABS(I21) 　　（從 J21 拖移複製到 J26）

■步驟 3：計算臨界值 MSD

由學生化全距數值表得出 $q_{0.05(4,11)}$ = 4.256，由變異數分析表得出 MSE = 7.75，樣本數得出為 n^* = 3.58，臨界值計算結果為 MSD = 6.27。

【儲存格內容】
N22;=M21*SQRT(D14/N21)

學生化全距（MSD）數值表

Critical Values of Studentized Range Distribution(q) for Familywise ALPHA = .05.

Denominator DF	Number of Groups (a.k.a. Treatments)							
	3	4	5	6	7	8	9	10
1	26.976	32.819	37.081	40.407	43.118	45.397	47.356	49.070
2	8.331	9.798	10.881	11.734	12.434	13.027	13.538	13.987
3	5.910	6.825	7.502	8.037	8.478	8.852	9.177	9.462
4	5.040	5.757	6.287	6.706	7.053	7.347	7.602	7.826
5	4.602	5.218	5.673	6.033	6.330	6.582	6.801	6.995
6	4.339	4.896	5.305	5.629	5.895	6.122	6.319	6.493
7	4.165	4.681	5.060	5.359	5.606	5.815	5.997	6.158
8	4.041	4.529	4.886	5.167	5.399	5.596	5.767	5.918
9	3.948	4.415	4.755	5.024	5.244	5.432	5.595	5.738
10	3.877	4.327	4.654	4.912	5.124	5.304	5.460	5.598
11	3.820	4.256	4.574	4.823	5.028	5.202	5.353	5.486
12	3.773	4.199	4.508	4.748	4.947	5.116	5.262	5.395
13	3.734	4.151	4.453	4.690	4.884	5.049	5.192	5.318
14	3.701	4.111	4.407	4.639	4.829	4.990	5.130	5.253
15	3.673	4.076	4.367	4.595	4.782	4.940	5.077	5.198
16	3.649	4.046	4.333	4.557	4.741	4.896	5.031	5.150
17	3.628	4.020	4.303	4.524	4.705	4.858	4.991	5.108
18	3.609	3.997	4.276	4.494	4.673	4.824	4.955	5.071
19	3.593	3.977	4.253	4.468	4.645	4.794	4.924	5.037
20	3.578	3.958	4.232	4.445	4.620	4.768	4.895	5.008

■步驟4：判定

【儲存格內容】

L21=IF(J21>$K$21,"*"," ")　　　　　　（從 L21 複製到 L26）

Tea Break

　　Tukey 多重比較法是將每一個試驗組與每一個試驗組逐一比較。如果試驗組與控制組的樣本數目不相等，Tukey 法是最佳選擇。Tukey 法首先對於成對數據群具有最大不同平均值的兩組數據進行檢定。以一個 q 統計量用以判別組間的不同是否顯著。q 統計量來自最大的平均值減最小的平均值，再除以所有族群其平均值之標準差。所有族群平均值的標準差之總和除以樣本數目稱為族群之的均方（mean square within, MSw），在許多統計軟體均有計算並加以呈現。q 值再與特定的 q 表查對其臨界值（critical q-value）加以比較。如果計算之 q 值大於 q 表中的臨界值，即是代表有統計顯著性差異。

　　在平均值具有最大差異的兩組數據完成比較之後，再進行第二對數據之比較。此比較作業持續進行，一直到 q 值不高於臨界 q 值。

9.4 Dunnett法

➤ 想法

有人可能會說，「如果你在所有組中進行多重比較時沒有發現顯著差異，請嘗試 Dunnett 檢定。」

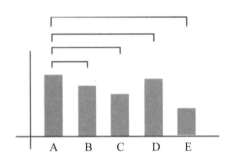

Dunnett 檢定是以 A 為對照組，與其他組（B 組、C 組、D 組、E 組）進行比較的多重比較。

因此，統計處理是建立在不比較 B 和 C 或 D 和 E 等組合的前提下，具有顯著差異容易檢測的特點。

- 誤差自由度 $f = n_1 + n_1 + \cdots + n_k - a$

- 誤差變異數 $MSE = \dfrac{\sum_1^k (n_i - 1)s_i^2}{f}$

- 檢定統計量 $t_d = \dfrac{\bar{x}_1 - \bar{x}_j}{\sqrt{MSE\left(\dfrac{1}{n_1} + \dfrac{1}{n_j}\right)}}$

- $|\bar{x}_1 - \bar{x}_j| > t_d \sqrt{MSE\left(\dfrac{1}{n_1} + \dfrac{1}{n_j}\right)}$

t_d 是（雙邊）Dunnett 臨界值可從 Dunnett 表中查出，若組的樣本數相等時，使用

$$|\bar{x}_1 - \bar{x}_j| > t_d \sqrt{\frac{2MSE}{n}}$$

假設您有以下數據。

例題 9-4

為了採用 3 種方法（A2～A4）與對照組 A1 進行比較，就某特性值隨機抽樣之後，得出如下數據，試檢討 A2～A4 的方法的母平均可否說比對照組 A1 的母平均大呢？

A 組	B 組	C 組	D 組
7	8	11	13
9	9	12	12
8	10	12	12
6	8	10	11
9	9	11	14
8	9	13	12
11	10	9	11
10	12	10	10
8		11	10
8			13

■EXCEL 的操作步驟

1. 步驟1：輸入數據

2.步驟2：計算N數、平均、變異數

B14		✕ ✓ _fx_	=VAR(B2:B11)							
	A	B	C	D	E	F	G	H	I	J	K
1		A組	B組	C組	D組						
2	1	7	8	11	13						
3	2	9	9	12	12						
4	3	8	10	12	12						
5	4	6	8	10	11						
6	5	9	9	11	14						
7	6	8	9	13	12						
8	7	11	10	9	11						
9	8	10	12	10	10						
10	9	8		11	10						
11	10	8			13						
12	N數	10	8	9	10						
13	平均	8.4	9.38	11	11.8						
14	變異	2.04	1.70	1.50	1.73						
15											
16											

【儲存格內容】

B12;= COUNT(B2:B11)　　（將 B12 複製拖移從 C12 至 E12）
B13;=SUM(B2:B11)/B12　（將 B13 複製拖移從 C13 至 E13）
B14;=VAR(B2:B11)　　（將 B14 複製拖移從 C14 至 E14）

3.步驟3：計算誤差自由度、誤差變異數

	A	B	C	D	E	F	G	H	I	J	K
7	6	8	9	13	12						
8	7	11	10	9	11						
9	8	10	12	10	10						
10	9	8		11	10						
11	10	8			13						
12	N數	10	8	9	10						
13	平均	8.4	9.38	11	11.8						
14	變異數	2.04	1.70	1.50	1.73						
15											
16											
17											
18											
19											
20											
21	誤差自由度		33								
22	誤差變異數		1.75								
23											

【儲存格內容】

C21;=B12+C12+D12+E12-COUNTA(B12:E12)

C22;=((B12-1)*B14+(C12-1)*C14+(D12-1)*D14+(E12-1)*E14)/C21

3.步驟3：計算統計量

	A	B	C	D	E	F	G	H	I	J	K
1		A組	B組	C組	D組						
2	1	7	8	11	13						
3	2	9	9	12	12						
4	3	8	10	12	12						
5	4	6	8	10	11						
6	5	9	9	11	14						
7	6	8	9	13	12						
8	7	11	10	9	11						
9	8	10	12	10	10						
10	9	8		11	10						
11	10	8			13						
12	N數	10	8	9	10						
13	平均	8.4	9.38	11	11.8						
14	變異數	2.04	1.70	1.50	1.73						
15	統計量		-1.55	-4.27	-5.74						
16											
17											
18											
19											
20											
21	誤差自由度		33								
22	誤差變異數		1.75								
23											

【儲存格內容】

C15;=($B$13-C13)/SQRT($C$22*(1/$B$12+1/C12))

（將 C15 從 D15 複製拖移至 E15）

因此，各組與 A 組相比的統計量，B 組為「-1.55」，C 組為「-4.27」，D 組為「-5.74」。

4.步驟4：計算補正Dunnett表的相關係數P

	A	B	C	D	E	F	G	H	I	J
1		A組	B組	C組	D組					
2	1	7	8	11	13					
3	2	9	9	12	12					
4	3	8	10	12	12					
5	4	6	8	10	11					
6	5	9	9	11	14					
7	6	8	9	13	12					
8	7	11	10	9	11					
9	8	10	12	10	10					
10	9	8		11	10					
11	10	8			13					
12	N數	10	8	9	10					
13	平均	8.4	9.375	11	11.8					
14	變異數	2.04	1.70	1.50	1.73					
15	統計量		-1.55	-4.27	-5.74					
16	相關係數P		0.444	0.474	0.500					

相關係數的求法如下：

$$P_{ij} = \frac{n_i}{n_i + n_1} \ (i = 2, 3, ..., a)$$

【儲存格內容】

C16;=C12/(C12+$B$12)

　　首先，求出比較 A 組和 B 組的相關係數 P，得出相關係數為 0.444。求出比較 A 組和 C 組的相關係數 P，得出相關係數為 0.474，求出比較 A 組和 D 組的相關係數 P，得出相關係數為 0.5。

5.步驟5：準備Dunnett用表

　　接下來，準備一個「Dunnett 數值表」，這可從附錄數表 10 中找出。這次使用的是相關係數 P = 0.5 和 P = 0.3。

P=0.3							
			組數				
2	3	4	5	6	7	8	9
4.303	5.519	6.242	6.749	7.137	7.448	7.707	7.928
3.182	3.928	4.371	4.682	4.921	5.114	5.276	5.414
2.776	3.358	3.700	3.941	4.126	4.276	4.402	4.509
2.571	3.070	3.362	3.567	3.725	3.853	3.960	4.052
2.447	2.898	3.160	3.344	3.485	3.600	3.695	3.778
2.365	2.784	3.026	3.196	3.326	3.432	3.520	3.595
2.306	2.703	2.931	3.090	3.213	3.311	3.394	3.465
2.262	2.642	2.860	3.012	3.128	3.222	3.301	3.368
2.228	2.595	2.805	2.951	3.062	3.153	3.228	3.293
2.201	2.558	2.761	2.902	3.010	3.097	3.170	3.233
2.179	2.528	2.725	2.863	2.968	3.052	3.123	3.184
2.160	2.502	2.695	2.830	2.932	3.015	3.084	3.143
2.145	2.481	2.670	2.802	2.902	2.983	3.051	3.109
2.131	2.463	2.649	2.778	2.877	2.956	3.022	3.079
2.120	2.447	2.630	2.758	2.854	2.933	2.998	3.054
2.110	2.433	2.614	2.740	2.835	2.912	2.976	3.032
2.101	2.421	2.600	2.724	2.818	2.894	2.958	3.012
2.093	2.410	2.587	2.710	2.803	2.878	2.941	2.995
2.086	2.400	2.576	2.697	2.790	2.864	2.926	2.979
2.080	2.391	2.566	2.686	2.777	2.851	2.912	2.965
2.074	2.384	2.557	2.676	2.766	2.839	2.900	2.952
2.069	2.377	2.548	2.667	2.756	2.829	2.889	2.941
2.064	2.370	2.541	2.658	2.747	2.819	2.879	2.930
2.060	2.364	2.534	2.650	2.739	2.810	2.870	2.921
2.056	2.359	2.527	2.643	2.731	2.802	2.861	2.912
2.052	2.354	2.521	2.637	2.724	2.795	2.854	2.904
2.048	2.349	2.516	2.631	2.718	2.788	2.846	2.896
2.045	2.345	2.511	2.625	2.712	2.782	2.840	2.889
2.042	2.341	2.506	2.620	2.706	2.776	2.833	2.883
2.040	2.337	2.502	2.615	2.701	2.770	2.828	2.877
2.037	2.333	2.498	2.610	2.696	2.765	2.822	2.871
2.035	2.330	2.494	2.606	2.691	2.760	2.817	2.866
2.032	2.327	2.490	2.602	2.687	2.755	2.812	2.861
2.030	2.324	2.487	2.598	2.683	2.751	2.808	2.856
2.028	2.321	2.483	2.595	2.679	2.747	2.803	2.852
2.026	2.319	2.480	2.592	2.676	2.743	2.799	2.848
2.024	2.316	2.478	2.588	2.672	2.740	2.796	2.844
2.023	2.314	2.475	2.585	2.669	2.736	2.792	2.840
2.021	2.312	2.472	2.582	2.666	2.733	2.789	2.836
2.020	2.310	2.470	2.580	2.663	2.730	2.785	2.833
2.018	2.308	2.467	2.577	2.660	2.727	2.782	2.830
2.017	2.306	2.465	2.575	2.658	2.724	2.779	2.827
2.015	2.304	2.463	2.572	2.655	2.721	2.777	2.824

P=0.5							
			組數				
2	3	4	5	6	7	8	9
4.303	5.418	6.065	6.513	6.852	7.123	7.349	7.540
3.182	3.866	4.263	4.538	4.748	4.916	5.056	5.176
2.776	3.310	3.618	3.832	3.994	4.125	4.235	4.328
2.571	3.030	3.293	3.476	3.615	3.727	3.821	3.900
2.447	2.863	3.099	3.263	3.388	3.489	3.573	3.644
2.365	2.752	2.971	3.123	3.239	3.332	3.409	3.476
2.306	2.673	2.880	3.023	3.132	3.219	3.292	3.354
2.262	2.614	2.812	2.948	3.052	3.135	3.205	3.264
2.228	2.568	2.759	2.891	2.990	3.070	3.137	3.194
2.201	2.532	2.717	2.845	2.941	3.019	3.084	3.139
2.179	2.502	2.683	2.807	2.901	2.977	3.040	3.094
2.160	2.478	2.655	2.776	2.868	2.942	3.004	3.056
2.145	2.457	2.631	2.750	2.840	2.913	2.973	3.024
2.131	2.439	2.610	2.727	2.816	2.887	2.947	2.997
2.120	2.424	2.592	2.708	2.796	2.866	2.924	2.974
2.110	2.410	2.577	2.691	2.777	2.847	2.904	2.953
2.101	2.399	2.563	2.676	2.762	2.830	2.887	2.935
2.093	2.388	2.551	2.663	2.747	2.815	2.871	2.919
2.086	2.379	2.540	2.651	2.735	2.802	2.857	2.905
2.080	2.370	2.531	2.640	2.723	2.790	2.845	2.892
2.074	2.363	2.022	2.631	2.713	2.779	2.834	2.880
2.069	2.356	2.514	2.622	2.704	2.769	2.824	2.870
2.064	2.349	2.507	2.614	2.695	2.760	2.814	2.860
2.060	2.344	2.500	2.607	2.688	2.752	2.806	2.802
2.056	2.338	2.494	2.600	2.680	2.745	2.798	2.843
2.052	2.333	2.488	2.594	2.674	2.738	2.791	2.836
2.048	2.329	2.483	2.588	2.668	2.731	2.784	2.829
2.045	2.325	2.478	2.583	2.662	2.725	2.778	2.823
2.042	2.321	2.474	2.578	2.657	2.720	2.772	2.817
2.040	2.317	2.470	2.574	2.652	2.715	2.767	2.811
2.037	2.314	2.466	2.569	2.647	2.710	2.762	2.806
2.035	2.311	2.462	2.565	2.643	2.705	2.757	2.801
2.032	2.308	2.458	2.561	2.639	2.701	2.753	2.797
2.030	2.305	2.455	2.558	2.635	2.697	2.749	2.792
2.028	2.302	2.452	2.555	2.632	2.693	2.745	2.788
2.026	2.300	2.449	2.551	2.628	2.690	2.741	2.784
2.024	2.297	2.447	2.548	2.625	2.686	2.737	2.781
2.023	2.295	2.444	2.546	2.622	2.683	2.734	2.777
2.021	2.293	2.441	2.543	2.619	2.680	2.731	2.774
2.020	2.291	2.439	2.540	2.617	2.677	2.728	2.771
2.018	2.289	2.437	2.538	2.614	2.675	2.725	2.768
2.017	2.287	2.435	2.536	2.612	2.672	2.722	2.765
2.015	2.285	2.433	2.533	2.609	2.670	2.720	2.763

相關係數 P 的值，如果與「0.3」或「0.5」的數表完全符合是最好的了，但如果每組的 n 個數不同，就不是這樣了，它需要被補正。

相反，如果所有組的 n 個數都相同，則相關係數 P 將為「0.5」。照樣使用「0.5」這個表就行了。

如果所有組的 n 個數相同，可以跳過以下操作。

6. 步驟6：表的補正

	A	B	C	D	E	F	G	H	I	J
1		A組	B組	C組	D組					
2	1	7	8	11	13					
3	2	9	9	12	12					
4	3	8	10	12	12					
5	4	6	8	10	11					
6	5	9	9	11	14					
7	6	8	9	13	12					
8	7	11	10	9	11					
9	8	10	12	10	10					
10	9	8		11	10					
11	10	8			13					
12	N數	10	8	9	10					
13	平均	8.4	9.38	11	11.8					
14	變異數	2.04	1.70	1.50	1.73					
15	統計量		-1.55	-4.27	-5.74					
16	相關係數P		0.444	0.474	0.500					
17	表的補正1		0.8617	0.43085						
18	表的補正2									
19										
20										
21	誤差自由度		33							
22	誤差變異數		1.75							
23										

Dunnett 檢定中，是使用 Dunnett 表根據「組數 a」和「誤差自由度 f」來判斷 5% 顯著水準的統計量。但是，Dunnett 的表受相關係數 P 的影響。無法像其他常見的檢定一樣使用任何一張表從「組數」和「自由度」進行判斷。因此，需要進行補正。

在預先準備的相關係數 P 爲「0.1」、「0.3」、「0.5」、「0.7」、「0.9」以外的情況下，必須進行 Dunnett 表的補正。

在這個數據範例中，B 組中的 0.444 和 C 組中的 0.474 與之對應（由於 D 組爲 0.500，所以可以直接使用「P = 0.5」的表）。這可透過「將要校正的相關係數 P 插補在已準備好的相關係數 P 中」來進行校正。

$$d = \frac{\dfrac{1}{(1-p_2)} - \dfrac{1}{(1-p)}}{\dfrac{1}{(1-p_2)} - \dfrac{1}{(1-p_1)}} d'$$

$$d = \frac{\dfrac{1}{(1-0.5)} - \dfrac{1}{(1-p)}}{\dfrac{1}{(1-0.5)} - \dfrac{1}{(1-0.3)}} * 2.462$$

在這個數據範例中，兩者都是「0.4XX」，因此使用「0.5」和「0.3」的表。如果計算出的相關係數 P 假定為「0.253」等，則使用「0.3」和「0.1」的表格。

在此數據示例中，組數 4，自由度 33，因此查看每個 Dunnett 表中的「組數 4」和「自由度 33」。當相關係數 P = 0.5 時，你可以看到它是「2.462」。當相關係數 P = 0.3 時，結果是「2.494」。使用此值進行補正。具體補正如下。

讓我們從 B 組的相關係數補正開始。〔表的補正 1〕是放在 C 行的第 17 列中。計算式如下：

C17;=ABS(((1/(1-0.5)-1/(1-C16))/(1/(1-0.5)-1/(1-0.3)))*2.462)

重點是其中的「0.5」和「0.3」，以及最後的「2.462」等數值。在表的補正 1 中，是使用「相關係數 P=0.5」的值。這也適用於 C 組。（D 組為 0.5，因此不需要），B 組計算為「0.8617」，C 組計算為「0.4309」。

7. 步驟7：接下來是〔表的補正2〕（0.3的表）

	A	B	C	D	E	F	G	H	I	J
4	3	8	10	12	12					
5	4	6	8	10	11					
6	5	9	9	11	14					
7	6	8	9	13	12					
8	7	11	10	9	11					
9	8	10	12	10	10					
10	9	8		11	10					
11	10	8			13					
12	N數	10	8	9	10					
13	平均	8.4	9.38	11	11.8					
14	變異數	2.04	1.70	1.50	1.73					
15	統計量		-1.55	-4.27	-5.74					
16	相關係數P		0.444	0.474	0.500					
17	表的補正1		0.8617	0.43085						
18	表的補正2		1.6211	2.05755						
19										
20										
21	誤差自由度		33							
22	誤差變異數		1.75							

計算式如下：

C18;=ABS(((1/(1-0.3)-1/(1-C16))/(1/(1-0.5)-1/(1-0.3)))*2.494)

「2.494」是參考相關係數 P = 0.3 的表中，從組數 4，自由度 33 查到的。結果，B 組經計算得「1.6211」，C 組計算為「2.0576」。

最後將〔表的補正 1〕與〔表的補正 2〕相加。這樣，就可以計算出「D值」。

8. 步驟8：計算D值

	A	B	C	D	E	F	G	H	I	J
4	3	8	10	12	12					
5	4	6	8	10	11					
6	5	9	9	11	14					
7	6	8	9	13	12					
8	7	11	10	9	11					
9	8	10	12	10	10					
10	9	8		11	10					
11	10	8			13					
12	N數		10	8	9	10				
13	平均		8.4	9.38	11	11.8				
14	變異數	2.04	1.70	1.50	1.73					
15	統計量		-1.55	-4.27	-5.74					
16	相關係數P		0.444	0.474	0.500					
17	表的補正1		0.8617	0.43085						
18	表的補正2		1.6211	2.05755						
19	D值		2.4828	2.4884	2.462					
20										
21	誤差自由度		33							
22	誤差變異數		1.75							

【儲存格內容】

C19;=C17+C18

在 D 組中，照樣採用 0.5 的表中的「2.462」。

9. 步驟9：顯著水準的判別

最後，確定顯著水準。將第15行計算的「統計量」與在第19行計算的「D值」進行比較。將統計量取成絕對值後，如果該統計量大於 D 值，則判斷為「在 5% 的水準上有顯著的差異」。

在這個數據範例中，

A 組和 B 組：無顯著差異（統計量 1.55 小於 D 值 2.4828）

A 組和 C 組：有顯著差異（統計量 4.27 大於 D 值 2.4884）

A 組和 D 組：有顯著差異（統計量 6.74 大於 D 值 2.462）

Tea Break

　　以實驗條件的平均值進行多次比較測試（Multiple Comparison Test: MCT）。當在驗證中拒絕虛無假設時，當某些實驗條件具有統計上顯著的均值差異或是該組裝置之間有特定差異，將執行 MCT。如果多次比較測試（MCT）同時執行多個假設檢定時，錯誤率會增加，則會出現問題。因此在 MCT 中，必須將錯誤率控制在適當的水準。

　　如果測試過於保守，不太可能發生 I 型錯誤，但是同時該測試可能沒有足夠的能力，導致 II 型錯誤發生的可能性增加。大多數研究人員可能希望找到調整 I 型錯誤率的最佳方法，以區分觀察到的數據之間的實際差異，而又不會浪費太多的統計檢定力。

　　我們並不是只對每個實驗的兩組比較感興趣。有時（實際上，經常）我們可能必須確定 3 個或更多組的之間是否存在差異。用於這種確定的最常用的分析方法是變異數分析（ANOVA）。如果在執行 ANOVA 之後拒絕虛無假設（H_0），即在 3 組情況下，則 $H_0 : \mu_A = \mu_B = \mu_C$，我們不知道一個群體與某個群體有何不同。ANOVA 的結果未提供有關群組內的各種組合之間的差異的詳細資訊。因此，研究人員通常會進行額外的分析，以明確特定實驗組對之間的差異。如果 3 組的 ANOVA 中否定了原假設（H_0），則將考慮以下情況：

$$\mu_A \neq \mu_B \neq \mu_C \text{ 或 } \mu_A \neq \mu_B = \mu_C \text{ 或 } \mu_A = \mu_B \neq \mu_C \text{ 或 } \mu_A \neq \mu_C = \mu_B$$

　　是在哪種情況下，原假設被拒絕？回答這個問題的唯一方法是應用「多重比較」（MCT），有時也被稱為「事後檢定」。

　　執行 MCT 的方法有幾種，例如 Tukey 法、Newman-Keuls 法、Bonferroni 法、Dunnett 法、Scheffe 法等。

資料來源：http://amebse.nchu.edu.tw/new_page_160.htm

9.5 Scheffe法

多重比較法用在變異數分析之後，若發現平均數有顯著差異時，則再從所處理的實驗水準中檢視一對或多對平均數間是否有差異存在。這種工作常需比較好幾對平均數的差異，這就叫做事後多重比較。

Fisher's LSD 基本上還是去做兩兩成對的 t 檢定，但是只有在 ANOVA 的結果顯著的情況才做。等於說我們拿 ANOVA 的結果作為一個保障，既然 ANOVA 的結果說裡面有顯著差異，我們就不擔心它的顯著差異是假的，放心做兩兩成對的 t 檢定（但還是稍微有一點變化）。這個方法在事後比較法中有比較寬鬆的顯著標準。

Bonferroni 法這個基本上就是兩兩成對的 t 檢定，但我們把顯著水準 α 除以總共比較的次數 C_2^n；也就是說若是 3 組的例子，α 就得要除以 3 才算顯著標準。如果是 4 組就是除以 6，以此類推。這個算是比較中間嚴格度的顯著標準。

Scheffe 法是以 F 檢定為基準的一種事後檢定法，標準是最嚴格的，也最不容易犯型一錯誤，但相對的統計檢定力也比較低。

➤ Scheffe 事後多重比較（POST HOC）

步驟如下：
1. 步驟 1：建立假設
   $H_0 : \mu_i = \mu_j$
2. 步驟 2：計算誤差自由度 f 及誤差變異數
   誤差自由度 $f = n_1 + n_2 + \cdots + n_k - \alpha$
   誤差變異數 $MSE = \dfrac{\sum_1^q (n_i - 1)s_i^2}{f}$
3. 步驟 3：對所有的 $i = 2, 3, ..., a$ 計算檢定統計量
   (1) 檢定統計量 $F_s = \dfrac{\bar{x}_i - \bar{x}_j}{\sqrt{MSE\left(\dfrac{1}{n_1} + \dfrac{1}{n_j}\right)}}$ $(i \neq j)$

   (2) 使用信賴區間
   $$(\bar{x}_i - \bar{x}_j) \pm \sqrt{(k-1)F_\alpha(k-1, n-k)} \sqrt{MSE} \sqrt{\left(\dfrac{1}{n_i} + \dfrac{1}{n_j}\right)}$$
4. 步驟 4：判定
   檢定統計量 < 臨界值，不否定 H_0，無顯著差異
   檢定統計量 ≥ 臨界值，否定 H_0，有顯著差異

　　或者，信賴區間包含 0，兩組無差異

　　信賴區間爲未包含 0，兩組有差異

➤ 利用 EXCEL 分析

例題 9-5

由 A, B, C 三部生產相同零件的機器各隨機抽取 5 件產品，得其內徑資料如下：

機器	內徑尺寸														
A	43	61	40	49	30	38	41	41	42	45	43	33	50	50	37
	54	48	49	59	43	24	53	41	46	38	50	76	39	65	67
B	35	36	60	31	57	67	60	30	41	69	35	36	66	43	54
	66	62	44	37	56	54	56	32	37	63	37	49	59	58	33
C	60	40	62	57	45	55	59	61	65	50	55	64	48	50	68
	43	54	52	70	69	38	53	35	69	70	50	60	44	55	48

試以 $\alpha = 0.05$ 製作變異數分析，並檢定各平均數差是否有差異。

■利用 EXCEL 的操作步驟

1.步驟1：輸入數據，從資料中點選資料分析

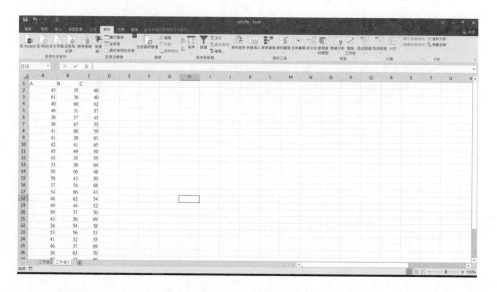

2. 步驟2：點選單因子變異數分析，按確定

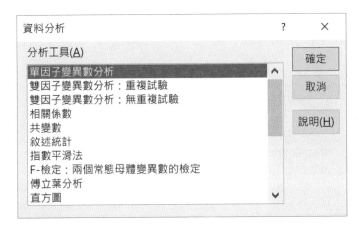

3. 步驟3：輸入範圍

選擇輸入範圍如下後，勾選〔逐欄〕，再勾選〔類別軸標記是在第一列上〕，輸出範圍點選〔F2〕。按〔確定〕。

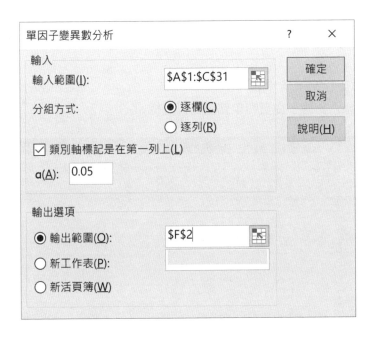

4. 步驟 4：計算臨界值

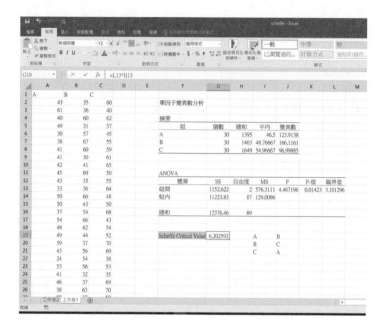

【儲存格內容】

G19;–L13*H13

5. 步驟 5：計算統計量

	E	F	G	H	I	J	K	L	M	N
6		A	30	1395	46.5	123.9138				
7		B	30	1463	48.76667	166.1161				
8		C	30	1649	54.96667	96.99885				
9										
10								0.033333		
11		ANOVA								
12		變源	SS	自由度	MS	F	P-值	臨界值		
13		組間	1152.622	2	576.3111	4.467196	0.01423	3.101296		
14		組內	11223.83	87	129.0096					
15										
16		總和	12376.46	89						
17										
18										
19		Scheffe Critical Value	6.202592		A	B	5.137778	8.600639	0.597372	
20					B	C	38.44	8.600639	4.469436	
21					C	A	71.68444	8.600639	8.334782	
22										

【儲存格內容】

L10;=1/30

G19;=L13*H13

K19;=(I6-I7)^2

K20;=(I7-I8)^2

K21;=(I8-I6)^2

L19;=I14*(L10+L10)

M19;=K19/L19　　　（將 M19 複製拖移從 M20 到 M21）

6. 步驟 6：以顯著水準 $\alpha = 0.05$ 判定

　　A 與 C 的檢定統計量 0.597 < 臨界值 6.202，判定 A 與 C 之間無差異

　　B 與 C 的檢定統計量 4.46 < 臨界值 6.202，判定 A 與 C 之間無差異

　　C 與 A 的檢定統計量 8.33 > 臨界值 6.202，判定 C 與 A 之間有差異

知識補充站

1. Fisher's LSD：

　　基本上還是去做兩兩成對的 t 檢定，但是只有在 ANOVA 的結果顯著的情況才進行。既然 ANOVA 的結果說裡面有顯著差異，我們就不擔心它的顯著差異是假的，放心做兩兩成對的 t 檢定（但還是稍微有一點變化）。這個方法在事後比較法中有比較寬鬆的顯著標準。

2. Bonferroni 法：

　　這個基本上就是兩兩成對的 t 檢定，但我們把顯著水準 α 除以總共比較的次數。也就是像上面那個三組的例子，α 就得要除以三才算顯著標準。如果是四組就是除以六，以此類推。這個算是比較中間嚴格度的顯著標準。

3. 雪費法（Scheffe's Method）：

　　這是以 F 檢定為基準的一種事後檢定法，標準是最嚴格的，也最不容易犯型一錯誤，但相對的統計檢定力也比較低。

第 10 章
無母數變異數分析

本章內容

10.1 二獨立樣本之檢定

➢ Wilcoxon 等級和檢定

例題 10-1

以下的數據是針對 2 個液體製品 A 與 B，測量其中不純物的量，A 與 B 分別各測量 7 瓶，試檢定 A 與 B 的不純物量是否有差異。

A	19	16	24	26	18	17	14
B	22	28	15	25	21	23	29

■想法與應用方法

　　無母數統計的特徵是將數據變換為等級值（將數據以大小順序重排之等級），以等級值作為解析的對象。變換成等級值，原先的數據分配不視為問題即可進行解析；相反的，變換成等級，原先數據所具有的資訊，恐有遺失之憾。

　　本例題是檢定 2 個母平均之差的問題，此情形經常使用 t 檢定。可是，t 檢定是將母體假定成常態分配的檢定方法，如未假定常態分配時是不適切的，此時經常會使用的方法是 Wilcoxon 的等級和檢定（rank-sum test）。

■Wilcoxon 等級和檢定

1. 步驟1：建立假設

　　假設 H_0：2 個水準 A_1, A_2 之間沒有差異。

2. 步驟2：數據的類型

水準 A_1	x_{11} x_{12} ············· x_{1n_1}	
水準 A_2	x_{21} x_{22} ············· x_{2n_2}	$(n_1 \leq n_2)$

將 2 個水準的數據合成 1 組，由小的一方加上等級 γ_{ij} 製作等級表。

等級表

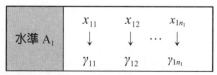

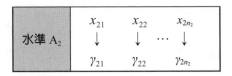

3. 步驟3：求檢定統計量w_0

$W_0 = \gamma_{11} + \gamma_{12} + \cdots + \gamma_{1n_1}$（水準 A_1 之等級和）

此處必須要注意的事情是，在樣本大小 n_1, n_2 之中取小的一方的等級和。

(1) (n_1, n_2) 很小的時候：

如果 $W_0 \le \underline{\omega}$ 或 $\overline{\omega} > W_0$

則在顯著水準 α 下捨棄假設。其中，$\underline{\omega}$, $\overline{\omega}$ 是由 Wilcoxon 檢定的數表中求出。

(2) (n_1, n_2) 大的時候：

檢定統計量 W_0 在假設 H_0 之下知近似常態分配

$$N\left(\frac{n_1(n_1+n_2+1)}{2}, \frac{n_1 n_2(n_1+n_2+1)}{12}\right)$$

因之，如果

$$\frac{\left|W_0 - \dfrac{n_1(n_1+n_2+1)}{2}\right| - \dfrac{1}{2}}{\sqrt{\dfrac{n_1 n_2(n_1+n_2+1)}{12}}} \ge z\left(\frac{\alpha}{2}\right)$$

則在顯著水準 α 下，捨棄假設 H_0。

■假設的建立

虛無假設與對立假設如下。

（雙邊假設時）

　　虛無假設 H_0：2 個組的中心位置相同

　　對立假設 H_1：2 個組的中心位置不相同

（單邊假設時）

　　虛無假設 H_0：2 個組的中心位置相同

　　對立假設 H_1：1 個組的中心位置向右（左）偏

Tea Break

　　刑事審判是假設檢定的非統計的例子，審判中陪審團必須在兩個假設中做出決定。

　　虛無假設為 H_0：被告是無罪的

　　對立為 H_1：被告是有罪的

　　陪審團並不知道哪一個假設是正確的。他們必須要依據原告和被告兩方提出的證據做決策（either guilty or non-guilty）。

　　在統計的術語宣判被告有罪等同於拒絕虛無假設且支持對立假設（rejecting the null hypothesis in favor of the alternative）；也就是，陪審團認為有足夠的證據做出被告有罪的結論（有足夠的證據支持對立假設）。宣判被告無罪如同不拒絕虛無假設且不支持對立假設（not rejecting the null hypothesis in favor of the alternative）。

注意：陪審團並不是說被告是無罪的，只能說沒有足夠證據支持對立假設。這
　　　是為什麼我們從不說我們支持虛無假設。

資料來源：https://web.ntpu.edu.tw/~stou/class/ntpu/CH11-Keller-in-Chinese-2011.
　　　　　pdf

■EXCEL 操作步驟

1.步驟1：輸入數據

　　從 A2 到 A15 輸入數據，從 B2 到 B15 對應地輸入組名。〔註：相同的組使之連續地輸入（輸入後，以組為基準，重排也行）〕

	A	B	C	D	E	F	G	H	I
1	數據	組							
2	19	A							
3	16	A							
4	24	A							
5	26	A							
6	18	A							
7	17	A							
8	14	A							
9	22	B							
10	28	B							
11	15	B							
12	25	B							
13	21	B							
14	23	B							
15	29	B							
16									

2. 步驟2：等級值的計算

從 C2 到 C15 輸入計算等級值的函數。

首先於 C2 輸入 =RANK(A2,$A$2:$A$15,1)，再將此由 C2 複製到 C15。

	A	B	C	D	E	F	G	H
1	數據	組	順位值					
2	19	A	6					
3	16	A	3					
4	24	A	10					
5	26	A	12					
6	18	A	5					
7	17	A	4					
8	14	A	1					
9	22	B	8					
10	28	B	13					
11	15	B	2					
12	25	B	11					
13	21	B	7					
14	23	B	9					
15	29	B	14					
16								

3. 步驟3：計算等級和

求出各組的等級值的合計。於 F3 輸入計算 A 的等級值合計的函數，於 G3 輸入計算 B 的等級值之函數。

	A	B	C	D	E	F	G	H	I
1	數據	組	順位值			組	組		
2	19	A	6			A	B		
3	16	A	3		順位和	41	64		
4	24	A	10						
5	26	A	12						
6	18	A	5						
7	17	A	4						
8	14	A	1						
9	22	B	8						
10	28	B	13						
11	15	B	2						
12	25	B	11						
13	21	B	7						
14	23	B	9						
15	29	B	14						
16									
17									

【儲存格內容】

　　F3;=SUM(C2:C8)

　　G3;=SUM(C9:C15)

4.步驟4：判定

　　數據少的組當作 G_1，另一方當作 G_2，並且，G_1 的數據數當作 N_1，等級值的合計當作 W_1，G_2 的數據數當作 N_2，等級值的合計當作 W_2。

　　本例題，數據數均為 7，因之將組 A 的等級值合計當作 W_1，組 B 的等級值的合計當作 W_2（反之也行）。

　　$W_1 = 41$　　　　$W_2 = 64$

　　$N_1 = 7$　　　　　$N_2 = 7$

比較 Wilcoxon 檢定的數值表中的百分點 $(\underline{w}, \overline{w})$ 與等級值的合計後再判定。

(1) 雙邊假設時（$\alpha/2$）

　　　對立假設 H_1：2 組的中心位置不同

　　　$W_1 \leq \underline{w} \rightarrow$ 否定 H_0

　　　$W_1 > \overline{w} \rightarrow$ 否定 H_0

　　　$\underline{w} < W_1 \rightarrow \overline{w}$ 不否定 H_0

(2) 單邊假設時（α）

　　　對立假設 H_1：組 N_1 的中心位置向左偏

　　　$W_1 \leq \underline{w} \rightarrow$ 否定 H_0

　　　$W_1 > \overline{w} \rightarrow$ 不否定 H_0

(3) 單邊假設時（α）

　　　對立假設 H_1：組 N_1 的中心位置向右偏

　　　$W_1 \geq \underline{w} \rightarrow$ 否定 H_0

　　　$W_1 < \overline{w} \rightarrow$ 不否定 H_0

　　　本例題是使用 (1) 的規則。

在數值表中，查出 $N_1 = 7$，$N_2 = 7$，$\alpha = 0.025$ 之處的值時，

N_1	N_2	α							
		0.05		0.025		0.01		0.005	
		$\underline{w}$	$\overline{w}$	$\underline{w}$	$\overline{w}$	$\underline{w}$	$\overline{w}$	$\underline{w}$	$\overline{w}$
7	7	39	66	36	69	34	71	32	73

　　得出 $\underline{w} = 36$，$\overline{w} = 69$

　　因為 $\underline{w} = 36 < W_1 = 41 < \overline{w} = 69$

　　所以無法否定虛無假設 H_0。

Tea Break

中間等級

　　當數據有同等級（tie）時，有需要使用稱為中間等級的等級值。譬如，有如下 5 個數據時，

　　　　10，20，20，30，40

等級值即為

　　　　1，2.5，2.5，4，5

計算等級的函數 RANK

　　函數 RANK 是將數據由小而大（由大而小）順序重排時求其等級的函數。

　　　　（輸入格式）= RANK（想求等級之數值，數據的範圍，順序）

　　在順序之處，如輸入 0 時，傳回將數據以由大而小的順序重排時的等級。

　　在順序之處，如輸入 1 時，傳回將數據以由小而大的順序重排時的等級。

知識補充站

　　在處理分數資料（例如：成績）的時候，有時候會需要將分數進行評等（例如：高低或優劣），舉例來說，老師在批改學生的考試成績時，可能會需要多一個欄位顯示學生的成績是否及格，或是更進一步評定分數屬於優良、普通、劣等之級別，以下介紹如何使用 EXCEL 將分數評定等級（二分法、三分法）。

• 二分法評等：70 以上是「及格」，反之為「不及格」。

　　格式；=IF(B2>70,"及格","不及格")

• 三分法評等：80 以上是「甲」、70 分以上是「乙」、其他則為「丙」。

　　格式；= IF(B2>70,IF(AND(B2>80),"甲","乙"),"丙")

10.2 成對樣本之檢定

➤ Wilcoxon 符號等級檢定

例題 10-2

以下的數據是 12 位學生在統計學的考試成績。A 的數據是上學期考試的分數，B 的數據是相同學生（NO. 表示人物）的下學期考試的分數。試檢定上學期考試的分數與下學期考試的分數之間是否有差異。

數據表

NO.	1	2	3	4	5	6	7	8	9	10	11	12
A	76	57	72	47	52	76	64	64	66	57	38	58
B	89	60	71	65	60	70	71	69	68	66	50	62

■ 想法與應用方法

Wilcoxon 的等級和檢定是 2 組的數據完全個別收集，亦即在獨立收集的場合中可以應用的方法。

相對的，本例題的情形，2 組的數據並非獨立，而是成對得到的。此時，數據即有對應，就要應用 Wilcoxon 的符號等級檢定（sign rank test）。

■ Wilcoxon 的符號等級檢定

其用於檢定母體中位數是否為特定值 η_0（$H_0 : \eta = \eta_0$），亦可檢定兩組成對樣本的平均水準是否有差異（$H_0 : \eta_1 = \eta_2$）。

檢定的步驟為：

1. 求算 $D_i = X_i - \eta_0$ 或 $D_i = X_i - Y_i$，並刪去 D_i 為 0 者，使有效樣本大小為 n。
2. 排定 $|D|$ 的等級，如絕對值有兩個或兩個以上相同者，先就每一個 $|D|$ 給予一個順序的等級，再求其平均數代表它們的相同等級。
3. 求算 D 之正負等級和分別為 $W(+)$, $W(-)$，且檢查是否為 $W(+) + W(-) = n(n + 1)$。
4. 以統計量 W 表示 $W(+)$, $W(-)$ 兩者之中之小者，即 $W = \min\{W(+), W(-)\}$。
5. (1) 當小樣本時，$W \leq W_\alpha$，拒絕 $H_0 : \eta \leq \eta_0$ 或 $H_0 : \eta \leq \eta_0$；又，$W \leq W_{\alpha/2}$ 時，拒絕 $H_0 : \eta = \eta_0$。W_α 或 $W_{\alpha/2}$ 可從 Wilcoxon 符號等級檢定附表查得。
   (2) 當大樣本（$n \geq 30$），W 近似於常態分配，

$$E(W) = \frac{n(n+1)}{4}$$

$$V(W) = \frac{n(n+1)(2n+1)}{24}$$

可利用 Z 檢定，即

$$Z = \frac{W - \dfrac{n(n+1)}{4}}{\sqrt{\dfrac{(n(n+1)(2n+1)}{24}}}$$

若 $Z > Z_\alpha$（或 $Z < -Z_\alpha$），拒絕 $H_0：\eta \le \eta_0$（或 $H_0：\eta \ge \eta_0$），$|Z| > Z_{\alpha/2}$，拒絕 $H_0：\eta = \eta_0$。

■ 假設的建立

虛無假設與對立假設如下：

（雙邊檢定時）

虛無假設 H_0：2 個組的中心位置相同

對立假設 H_1：2 個組的中心位置不同

（單邊假設時）

虛無假設 H_0：2 個組的中心位置相同

對立假設 H_1：1 個組的中心位置向右（左）偏

■ EXCEL 操作步驟

1. 步驟1：數據的輸入

從 A2 到 A13 輸入 A 組的數據，B2 到 B13 輸入 B 組的數據。

	A	B	C	D	E	F	G	H	I	J	K
1	A	B									
2	76	89									
3	57	60									
4	72	71									
5	47	65									
6	52	60									
7	76	70									
8	64	71									
9	64	69									
10	66	68									
11	57	66									
12	38	50									
13	58	62									
14											

2. 步驟2：差與差的絕對值的計算

按每一位學生計算 A 與 B 之數據之差，以及計算其絕對值。首先於 C2 輸入 = B2-A2，將此從 C2 複製到 C13。接著於 D2 輸入 = ABS(C2)，將此從 D2 複製到 D13。

	A	B	C	D	E	F	G	H	I	J	K
1	A	B	B-A	絕對值							
2	76	89	13	13							
3	57	60	3	3							
4	72	71	-1	1							
5	47	65	18	18							
6	52	60	8	8							
7	76	70	-6	6							
8	64	71	7	7							
9	64	69	5	5							
10	66	68	2	2							
11	57	66	9	9							
12	38	50	12	12							
13	58	62	4	4							
14											
15											

3. 步驟3：等級值的計算

就差的絕對值，求等級值。

首先於 E2 輸入 =RANK(D2,$D$2:$D$13,1)，將此由 E2 複製到 E13。

	A	B	C	D	E	F	G	H	I	J	K
1	A	B	B-A	絕對值	順位值						
2	76	89	13	13	11						
3	57	60	3	3	3						
4	72	71	-1	1	1						
5	47	65	18	18	12						
6	52	60	8	8	8						
7	76	70	-6	6	6						
8	64	71	7	7	7						
9	64	69	5	5	5						
10	66	68	2	2	2						
11	57	66	9	9	9						
12	38	50	12	12	10						
13	58	62	4	4	4						
14											
15											

4.步驟4：等級值合計的計算

只注視差的符號為正者，求其等級值之合計。

首先，以準備來說，於 F2 輸入 =IF(C2>0,E2,0)，將此由 F2 複製到 F13。
於 G2 計算等級值的合計。

	A	B	C	D	E	F	G	H	I	J	K
1	A	B	B-A	絕對值	順位值	合計					
2	76	89	13	13	11	71					
3	57	60	3	3	3						
4	72	71	-1	1	1						
5	47	65	18	18	12						
6	52	60	8	8	8						
7	76	70	-6	6	6						
8	64	71	7	7	7						
9	64	69	5	5	5						
10	66	68	2	2	2						
11	57	66	9	9	9						
12	38	50	12	12	10						
13	58	62	4	4	4						
14											
15											

【儲存格內容】

G2;=SUM(F2:F13)

5.步驟5：判定

只注視差（B-A）的符號為正者，將差的絕對值的等級值合計後之值當作
W。W 與 Wilcoxon 的符號等級檢定的數值表中的百分點（$\underline{w}_n, \overline{w}_n$）比較再判
定。

(1) 雙邊假設時（$\alpha/2$）

對立假設 H_1：2 個組的中心位置有差異

$W \le \underline{w}_n\left(\dfrac{\alpha}{2}\right) \to$ 否定 H_0

$W \ge \overline{w}_n\left(\dfrac{\alpha}{2}\right) \to$ 否定 H_0

$\underline{w}_n\left(\dfrac{\alpha}{2}\right) < W < \overline{w}_n\left(\dfrac{\alpha}{2}\right) \to$ 不否定 H_0

(2) 單邊假設時（α）

對立假設 H_1：組 B 的中心位置比 A 向右偏

$W \ge \overline{w}_n(\alpha) \to$ 否定 H_0

$W < \overline{w}_n(\alpha) \to$ 不否定 H_0

(3) 單邊假設時（α）

對立假設 H_1：組 B 的中心位置比 A 向左偏

$W \leq \underline{w}_n(\alpha) \rightarrow$ 否定 H_0

$W > \underline{w}_n(\alpha) \rightarrow$ 不否定 H_0

本例題是使用 (1) 的規則。

在數表中，讀取 $n = 12$，$\alpha = 0.025$ 之處的數值時，

n \ α	0.005		0.01		0.025		0.05	
	$\underline{w}_n$	$\overline{w}_n$	$\underline{w}_n$	$\overline{w}_n$	$\underline{w}_n$	$\overline{w}_n$	$\underline{w}_n$	$\overline{w}_n$
12	7	71	6	69	13	65	17	61

得出 $\underline{w}_n(\alpha) = 13$，$\overline{w}_n(\alpha) = 65$

$W = 71 > \overline{w}_n(\alpha) = 65$

因之否定 H_0。因此，上學期考試與下學期考試的成績可以說有差異。

 Tea Break

　　假設檢定就是經由觀察一組數據，推論對母數的估計是否正確。我們通常會選擇一個合適的檢定統計量，如果檢定統計量在基於特定分配底下出現的機率很低，我們就會推翻虛無假設，認為對母數的估計是錯誤的。

　　前一節使用的統計分析方法為美國統計學家 Frank Wilcoxon 所提出的無母數方法，稱為 Wilcoxon 等級和檢定（rank sum test），當資料包含兩組樣本時，可用此方法檢定此兩組樣本間母體中位數的差異值是否大於、小於或等於某一特定數值。

　　此方法又稱為曼─惠特妮 U 檢定（Mann-Whitney U test），當樣本數夠大時（通常樣本個數 ≥ 30 的樣本可視為樣本數夠大），建議可用 (獨立) 雙樣本平均數差異 t 檢定（two-sample t-test）檢定平均數差。

　　無母數檢定用於探討非常態母群或是中位數檢定的差異，用於成對樣本（相依樣本）的比較上常使用 Wilcoxon 符號等級檢定（sign rank test）。亦即，用於一組樣本（檢定母體中位數是否等於某特定值）或成對樣本（兩組母體的中位數是否相等）在同一個變項的分布狀況的檢定。

註：母體中位數經常和平均數一樣，因此檢定中位數差即檢定平均數差。

Note

10-3 *k* 組獨立樣本之檢定

➤ Kruskal-Wallis H 檢定

本檢定是檢定 *k* 組獨立樣本是否具有一致的母體，與此檢定法相對應的有母數統計方法是一因子 *k* 分類的變異數分析。

檢定的步驟如下：

1. 先將 *k* 組樣本的所有觀測值（*n* 個）依小而大順序排列並給予適當等級，如有相同的觀測值，則加總其所相當的等級平均之爲代表，以 R_i 代表各組樣本的等級和，以 n_i 代表各組樣本的觀測值個數，則 $N = \Sigma_i^k n_i$。
2. 統計量 *H* 的計算公式爲

$$H = \frac{12}{N(N+1)}\Sigma_{i=1}^k \frac{R_i^2}{n_i} - 3(N+1)$$

因 *H* 統計量近似的服從 χ^2 分配（df = k − 1），使用 χ^2 分配進行檢定。另外，進行同等級的補正時，將以上所求出的 *H* 統計量除以同等級的補正值（*D*）。

$$D = 1 - \frac{\Sigma(t_i^3 - t_i)}{(n-1)n(n+1)}$$

$$H_{adj} = \frac{H}{D}$$

t 是同一值的個數。譬如有 {10,10,11,12,12,12} 的數據時，0 有 2 個、11 有 1 個、12 有 3 個，分別是 *t* = 2、*t* = 1、*t* = 3，計算 $t^3 - t$ 得 $2^3 - 2 = 6$、$1^3 - 1 = 0$、$3^3 - 3 = 24$。

無同等級的數值解即爲 0，知只受同等級影響。

完全無同等級時，第 2 項的解即爲 0，D = 1 − 0 = 1。因之，$H_{adj} = \frac{H}{D} = \frac{H}{1} = H$。

■EXCEL 操作步驟

例題 10-3

此處從 4 條生產線隨機抽取產品檢查其尺寸大小。今從 A 中抽取 6 件，B 中抽取 5 件，C 中抽取 5 件，D 中抽取 4 件，得出如下：

A{10,10,11,12,12,12}
B{12,13,14,17,19}
C{12,14,15,19,20}
D{16,17,18, 20}

今想評估 4 條生產線所生產的產品是否有差異？

1.步驟1：數據的輸入

Group	AVAL	num	t	t³-t	A	B	C	D
A	10	1			1.5			
A	10	2	2	6	1.5			
A	11	1	1	0	3			
A	12	1			6			
B	12	2				6		
A	12	3			6			
A	12	4			6			
C	12	5	5	120			6	
B	13	1	1	0		9		
B	14	1				10.5		
C	14	2	2	6			10.5	
C	15	1	1	0			12	
D	16	1	1	0				13
B	17	1				14.5		
D	17	2	2	6				14.5
D	18	1	1	0				16
C	19	1					17.5	
B	19	2	2	6		17.5		
C	20	1					19.5	
D	20	2	2	6				19.5

	n	r (rank sum)	r²	r²/n
A	6	24	576	96
B	5	57.5	3306.25	661.25
C	5	65.5	4290.25	858.05
D	4	63	3969	992.25

N	20

no ties

12/(N(N+1))	0.0286
Σr²/n	2607.5500
3(N+1)	63
H	11.5014
df	3
p-value	0.0093

ties

Σt³-t	150
(n-1)n(n+1)	7980
D	0.9812
H_adj	11.7218
df	3
p-value	0.0084

【儲存格內容】

A 行：樣本的組名

B 列：觀測值。按由小而大的順序排列

C 列：將同值的個數由上計數（C4;=IF(B3<>B4,1,D3+1)）

D 列：只顯示同值的最終列（D4;=IF(B4=B5,"",C4)）

E 列：變異數的補正項用（E4;=IF(D4<>"",D4^3-D4,"")）

G 列：樣本 A 的等級（G4;=IF($A4=G$3,RANK.AVG($B4,$B:$B,1),"")）

H 列：樣本 B 的等級（H4;=IF($A4=H$3,RANK.AVG($B4,$B:$B,1),"")）

I 列：樣本 C 的等級（I4;=IF($A4=I$3,RANK.AVG($B4,$B:$B,1),"")）

J 列：樣本 D 的等級（J4;=IF($A4=J$3,RANK.AVG($B4,$B:$B,1),"")）

■H 統計量

等級和是 $R_A = 24$, $R_B = 57.5$, $R_C = 65.5$, $R_D = 63$，因之 $\frac{R^2}{n}$ 分別是 $A = \frac{24^2}{6} = 96$, $B = \frac{57.5^2}{5} = 661.25$, $C = \frac{65.5^2}{5} = 858.05$, $D = \frac{63^2}{4} = 992.25$（EXCEL L3:P7）。

總數是 $N = 20$，如公式統計量是 $H = \frac{12}{20 \times 21} \times (96 + 661.25 + 858.05 + 992.25) - (3 \times 21) = 0.0286 \times 2607.55 - 63 = 11.5014$（EXCEL L9:M15）。

■同等級補正

同一值 t 的計算 $\Sigma(t_i^3 - t_i)$ 是 150（Excel D:E, P12）。（此次 12 有 5 個、53 − 5 = 125 − 5 = 120，出現大的值。）依照公式 $D = 1 - \dfrac{150}{19 \times 20 \times 21} = 0.9812$，以此 D 去除算，得出 $H_{adj} = \dfrac{11.5014}{0.9812} = 11.7218$（EXCEL P13:P15）。

■P 值

計算式如上述，統計量 H 服從 χ^2 分布（$df = k - 1$）。

無同等級補正：P = 0.0093($H = 11.5014$, $df = 3$)
有同等級補正：P = 0.0084($H_{adj} = 11.7218$, $df = 3$)

4 條生產線之間所生產的產品可以說有差異（$P < 0.01$）。

Tea Break

無母數統計分析，統計學的分支，適用於母群體分布情況未明、小樣本、母群體分布不為常態也不易轉換為常態。特點在於儘量減少或不修改其建立之模型，較具穩健特性；在樣本數不大時，計算過程較簡單。

無母數統計推論時所使用的統計量的抽樣分配通常與母體分配無關，不必推論其中位數、適合度、獨立性、隨機性，更廣義的說，無母數統計又稱為「不受分布限制統計法」（distribution free）。無母數統計缺乏一般之機率表。檢定時是以等級（rank）為主要統計量。

其缺點是：
• 檢定力較弱
• 處理方式無一致性

Note

10-4 *k*組成對樣本之檢定

➤ Friedman 檢定

檢定 *k* 組成對樣本是否來自相同的母體。當 *k* 組樣本所來自母體具有相同的水準，則各組樣本的等級和 R_i 相去不遠，如各組樣本的等級和相去甚多時，表示母體不具有相同之水準，故當 χ^2 大時，應拒絕 H_0：*k* 組母體具有相同水準。

檢定步驟：

1. 將觀測值歸入 *k* 行（行代表處理條件數）、*n* 列（列代表受試者人數）的表中，按各樣本組排列每一觀測值，從小而大給予從 1 起的等級，加總各狀況的等級和 R_i。
2. 計算統計量

$$S = \frac{12}{nk(k+1)} \sum_{1}^{k} R_i^2 - 3n(k+1)$$

當數據含有同等級時，計算式如下。

$$S(adj) = \frac{S}{C}$$

此處 *C* 是等於如下之值的補正因子。

$$C = 1 - \frac{\Sigma_i(t_i^3 - t)}{(n(k^3 - k)}$$

S 分配接近卡方分配，若 $S > \chi_\alpha^2(k-1)$ 時，拒絕 H_0。

■EXCEL 操作步驟

例題 10-4

今有 5 位顧客購買 A、B、C 3 種產品的消費量如下：

ID	A	B	C
1 氏	35	23	14
2 氏	35	33	22
3 氏	45	42	16
4 氏	37	31	19
5 氏	25	30	20

試分析 3 種產品的銷售量是否有顯著差異？

1.步驟1：數據的輸入

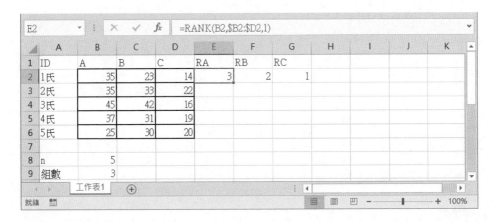

2.步驟2：分別按受試者將3組的大小排序

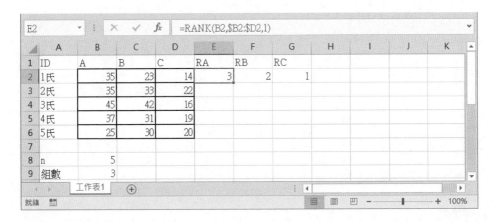

【儲存格內容】

　E2;=RANK(B2,$B2:$D2,1)　（從 E3 複製 F3,G3）

3. 步驟3：分別3組的合計等級

	A	B	C	D	E	F	G	H	I	J	K
1	ID	A	B	C	RA	RB	RC				
2	1氏	35	23	14	3	2	1				
3	2氏	35	33	22	3	2	1				
4	3氏	45	42	16	3	2	1				
5	4氏	37	31	19	3	2	1				
6	5氏	25	30	20	2	3	1				
7					14	11	5				
8	n	5									
9	組數	3									

【儲存格內容】

E7;=SUM(E2:E6)　　　（F7,G7 複製 E7）

4. 步驟4：將等級平方

	A	B	C	D	E	F	G	H	I	J	K
1	ID	A	B	C	RA	RB	RC				
2	1氏	35	23	14	3	2	1				
3	2氏	35	33	22	3	2	1				
4	3氏	45	42	16	3	2	1				
5	4氏	37	31	19	3	2	1				
6	5氏	25	30	20	2	3	1				
7					14	11	5				
8	n	5			196	121	25				
9	組數	3									
10											

【儲存格內容】

E8;=E7^2　　　（F8,G8 複製 E8）

5. 步驟5：計算合計

	A	B	C	D	E	F	G	H	I	J	K
2	1氏	35	23	14	3	2	1				
3	2氏	35	33	22	3	2	1				
4	3氏	45	42	16	3	2	1				
5	4氏	37	31	19	3	2	1				
6	5氏	25	30	20	2	3	1				
7					14	11	5				
8	n	5			196	121	25	342			
9	組數	3									
10											

H8 =SUM(E8:G8)

【儲存格內容】

H8;=SUM(E8:G8)

6. 步驟6：計算統計量

	A	B	C	D	E	F	G	H	I	J	K
1	ID	A	B	C	RA	RB	RC				
2	1氏	35	23	14	3	2	1				
3	2氏	35	33	22	3	2	1				
4	3氏	45	42	16	3	2	1				
5	4氏	37	31	19	3	2	1				
6	5氏	25	30	20	2	3	1				
7					14	11	5				
8	n	5			196	121	25	342			
9	組數	3									
10											
11				S=	8.4						
12											

E11 =((12*H8)/(5*3*4))-3*5*4

【儲存格內容】

E11;S=((12*H8)/(5*3*4))-3*5*4

7. 步驟7：計算P值

自由度 = 組數 − 1 = 3 − 1 = 2，使用 CHIDIST 函數 \ 計算 P 值。

	A	B	C	D	E	F	G	H	I	J	K
					=CHIDIST(E11,2)						
1	ID	A	B	C	RA	RB	RC				
2	1氏	35	23	14	3	2	1				
3	2氏	35	33	22	3	2	1				
4	3氏	45	42	16	3	2	1				
5	4氏	37	31	19	3	2	1				
6	5氏	25	30	20	2	3	1				
7					14	11	5				
8	n	5			196	121	25	342			
9	組數	3									
10											
11	P值	0.014996		S=	8.4						
12											

【儲存格內容】

B11;=CHIDIST(E11,2)

8. 步驟8：判定

P 值 = 0.015 < 0.05，可以認為 3 種產品之間的銷售量有顯著的差異性。

附錄
數表

本章內容

數表 1　自由度 m 的 t 分配的百分點

m \ α	0.25	0.1	0.05	0.025	0.01	0.005
1	1.000	3.078	6.314	12.706	31.821	63.657
2	0.816	1.886	2.920	4.303	6.965	9.925
3	0.765	1.638	2.353	3.182	4.541	5.841
4	0.741	1.533	2.132	2.776	3.747	4.604
5	0.727	1.476	2.015	2.571	3.365	4.032
6	0.718	1.440	1.943	2.447	3.143	3.707
7	0.711	1.415	1.895	2.365	2.998	3.499
8	0.706	1.397	1.860	2.306	2.896	3.355
9	0.703	1.383	1.833	2.262	2.821	3.250
10	0.700	1.372	1.812	2.228	2.764	3.169
11	0.697	1.363	1.796	2.201	2.718	3.106
12	0.695	1.356	1.782	2.179	2.681	3.055
13	0.694	1.350	1.771	2.160	2.650	3.012
14	0.692	1.345	1.761	2.145	2.624	2.977
15	0.691	1.341	1.753	2.131	2.602	2.947
16	0.690	1.337	1.746	2.120	2.583	2.921
17	0.689	1.333	1.740	2.110	2.567	2.898
18	0.688	1.330	1.734	2.101	2.552	2.878
19	0.688	1.328	1.729	2.093	2.539	2.861
20	0.687	1.325	1.725	2.086	2.528	2.845
21	0.686	1.323	1.721	2.080	2.518	2.831
22	0.686	1.321	1.717	2.074	2.508	2.819
23	0.685	1.319	1.714	2.069	2.500	2.807
24	0.685	1.318	1.711	2.064	2.492	2.797
25	0.684	1.316	1.708	2.060	2.485	2.787
26	0.684	1.315	1.706	2.056	2.479	2.779
27	0.684	1.314	1.703	2.052	2.473	2.771
28	0.683	1.313	1.701	2.048	2.467	2.763
29	0.683	1.311	1.699	2.045	2.462	2.756
30	0.683	1.310	1.697	2.042	2.457	2.750
40	0.681	1.303	1.684	2.021	2.423	2.704
60	0.679	1.296	1.671	2.000	2.390	2.660
120	0.677	1.289	1.658	1.980	2.358	2.617
∞	0.674	1.282	1.645	1.960	2.326	2.576

數表 2　自由度 m 的 χ^2 分配的百分點

$\chi^2_m(\alpha)$

α / m	0.995	0.990	0.975	0.950	0.050	0.025	0.010	0.005
1	392704×10^{-10}	157088×10^{-9}	982069×10^{-9}	393214×10^{-8}	3.84146	5.02389	6.63490	7.87944
2	0.0100251	0.0201007	0.0506356	0.102587	5.99147	7.37776	9.21034	10.5966
3	0.0717212	0.114832	0.215795	0.351846	7.81473	9.34840	11.3449	12.8381
4	0.206990	0.297110	0.484419	0.710721	9.48773	11.1433	13.2767	14.8602
5	0.411740	0.554300	0.831211	1.145476	11.0705	12.8325	15.0863	16.7496
6	0.675727	0.872085	1.237347	1.63539	12.5916	14.4494	16.8119	18.5476
7	0.989265	1.239043	1.68987	2.16735	14.0671	16.0128	18.4753	20.2777
8	1.344419	1.646482	2.17973	2.73264	15.5073	17.5346	20.0902	21.9550
9	1.734926	2.087912	2.70039	3.32511	16.9190	19.0228	21.6660	23.5893
10	2.15585	2.55821	3.24697	3.94030	18.3070	20.4831	23.2093	25.1882
11	2.60321	3.05347	3.81575	4.57481	19.6751	21.9200	24.7250	26.7569
12	3.07382	3.57056	4.40379	5.22603	21.0261	23.3367	26.2170	28.2995
13	3.56503	4.10691	5.00874	5.89186	22.3621	24.7356	27.6883	29.8194
14	4.07468	4.66043	5.62872	6.57063	23.6848	26.1190	29.1413	31.3193
15	4.60094	5.22935	6.26214	7.26094	24.9958	27.4884	30.5779	32.8013
16	5.14224	5.81221	6.90766	7.96164	26.2962	28.8454	31.9999	34.2672
17	5.69724	6.40776	7.56418	8.67176	27.5871	30.1910	33.4087	35.7185
18	6.26481	7.01491	8.23075	9.39046	28.8693	31.5264	34.8053	37.1564
19	6.84398	7.63273	8.90655	10.1170	30.1435	32.8523	36.1908	38.5822
20	7.43386	8.26040	9.59083	10.8508	31.4104	34.1696	37.5662	39.9968
21	8.03366	8.89720	10.28293	11.5913	32.6705	35.4789	38.9321	41.4010
22	8.64272	9.54249	10.9823	12.3380	33.9244	36.7807	40.2894	42.7956
23	9.26042	10.19567	11.6885	13.0905	35.1725	38.0757	41.6384	44.1813
24	9.88623	10.8564	12.4011	13.8484	36.4151	39.3641	42.9798	45.5585
25	10.5197	11.5240	13.1197	14.6114	37.6525	40.6465	44.3141	46.9278
26	11.1603	12.1981	13.8439	15.3791	38.8852	41.9232	45.6417	48.2899
27	11.8076	12.8786	14.5733	16.1513	40.1133	43.1944	46.9630	49.6449
28	12.4613	13.5648	15.3079	16.9279	41.3372	44.4607	48.2782	50.9933
29	13.1211	14.2565	16.0471	17.7083	42.5569	45.7222	49.5879	52.3356
30	13.7867	14.9535	16.7908	18.4926	43.7729	46.9792	50.8922	53.6720
40	20.7065	22.1643	24.4331	26.5093	55.7585	59.3417	63.6907	66.7659
50	27.9907	29.7067	32.3574	34.7642	67.5048	71.4202	76.1539	79.4900
60	35.5346	37.4848	40.4817	43.1879	79.0819	83.2976	88.3794	91.9517
70	43.2732	45.4418	48.7576	51.7392	90.5312	95.0231	100.425	104.215
80	51.1720	53.5400	57.1532	60.3915	101.879	106.629	112.329	116.321
90	59.1963	61.7541	65.6466	69.1260	113.145	118.136	124.116	128.299
100	67.3276	70.0648	74.2219	77.9295	124.342	129.561	135.807	140.169

數表 3　自由度 m_1, m_2 的 F 分配的百分點

$F_{(m_1, m_2)}(0.05)$ 的百分點

m_2 \ m_1	1	2	3	4	5	6
1	161.45	199.50	215.71	224.58	230.16	233.99
2	18.513	19.000	19.164	19.247	19.296	19.330
3	10.128	9.5521	9.2766	9.1172	9.0135	8.9406
4	7.7086	6.9443	6.5914	6.3883	6.2560	6.1631
5	6.6079	5.7861	5.4095	5.1922	5.0503	4.9503
6	5.9874	5.1433	4.7571	4.5337	4.3874	4.2839
7	5.5914	4.7374	4.3468	4.1203	3.9715	3.8660
8	5.3177	4.4590	4.0662	3.8378	3.6875	3.5806
9	5.1174	4.2565	3.8626	3.6331	3.4817	3.3738
10	4.9646	4.1028	3.7083	3.4780	3.3258	3.2172
11	4.8443	3.9823	3.5874	3.3567	3.2039	3.0946
12	4.7472	3.8853	3.4903	3.2592	3.1059	2.9961
13	4.6672	3.8056	3.4105	3.1791	3.0254	2.9153
14	4.6001	3.7389	3.3439	3.1122	2.9582	2.8477
15	4.5431	3.6823	3.2874	3.0556	2.9013	2.7905
16	4.4940	3.6337	3.2389	3.0069	2.8524	2.7413
17	4.4513	3.5915	3.1968	2.9647	2.8100	2.6987
18	4.4139	3.5546	3.1599	2.9277	2.7729	2.6613
19	4.3808	3.5219	3.1274	2.8951	2.7401	2.6283
20	4.3513	3.4928	3.0984	2.8661	2.7109	2.5990
21	4.3248	3.4668	3.0725	2.8401	2.6848	2.5727
22	4.3009	3.4434	3.0491	2.8167	2.6613	2.5491
23	4.2793	3.4221	3.0280	2.7955	2.6400	2.5277
24	4.2597	3.4028	3.0088	2.7763	2.6207	2.5082
25	4.2417	3.3852	2.9912	2.7587	2.6030	2.4904
26	4.2252	3.3690	2.9751	2.7426	2.5868	2.4741
27	4.2100	3.3541	2.9604	2.7278	2.5719	2.4591
28	4.1960	3.3404	2.9467	2.7141	2.5581	2.4453
29	4.1830	3.3277	2.9340	2.7014	2.5454	2.4324
30	4.1709	3.3158	2.9223	2.6896	2.5336	2.4205
40	4.0848	3.2317	2.8387	2.6060	2.4495	2.3359
60	4.0012	3.1504	2.7581	2.5252	2.3683	2.2540
120	3.9201	3.0718	2.6802	2.4472	2.2900	2.1750
∞	3.8415	2.9957	2.6049	2.3719	2.2141	2.0986

$\alpha = 0.05$

$F'_{(m_1, m_2)}(\alpha)$

7	8	9	10	12	15	20
236.77	238.88	240.54	241.88	243.91	245.95	248.01
19.353	19.371	19.385	19.396	19.413	19.429	19.446
8.8868	8.8452	8.8123	8.7855	8.7446	8.7029	8.6602
6.0942	6.0410	5.9988	5.9644	5.9117	5.8578	5.8025
4.8759	4.8183	4.7725	4.7351	4.6777	4.6188	4.5581
4.2066	4.1468	4.0990	4.0600	3.9999	3.9381	3.8742
3.7870	3.7257	3.6767	3.6365	3.5747	3.5108	3.4445
3.5005	3.4381	3.3881	3.3472	3.2840	3.2184	3.1503
3.2927	3.2296	3.1789	3.1373	3.0729	3.0061	2.9365
3.1355	3.0717	3.0204	2.9782	2.9130	2.8450	2.7740
3.0123	2.9480	2.8962	2.8536	2.7876	2.7186	2.6464
2.9134	2.8486	2.7964	2.7534	2.6866	2.6169	2.5436
2.8321	2.7669	2.7144	2.6710	2.6037	2.5331	2.4589
2.7642	2.6987	2.6458	2.6021	2.5342	2.4630	2.3879
2.7066	2.6408	2.5876	2.5437	2.4753	2.4035	2.3275
2.6572	2.5911	2.5377	2.4935	2.4247	2.3522	2.2756
2.6143	2.5480	2.4943	2.4499	2.3807	2.3077	2.2304
2.5767	2.5102	2.4563	2.4117	2.3421	2.2686	2.1906
2.5435	2.4768	2.4227	2.3779	2.3080	2.2341	2.1555
2.5140	2.4471	2.3928	2.3479	2.2776	2.2033	2.1242
2.4876	2.4205	2.3661	2.3210	2.2504	2.1757	2.0960
2.4638	2.3965	2.3419	2.2967	2.2258	2.1508	2.0707
2.4422	2.3748	2.3201	2.2747	2.2036	2.1282	2.0476
2.4226	2.3551	2.3002	2.2547	2.1834	2.1077	2.0267
2.4047	2.3371	2.2821	2.2365	2.1649	2.0889	2.0075
2.3883	2.3205	2.2655	2.2197	2.1479	2.0716	1.9898
2.3732	2.3053	2.2501	2.2043	2.1323	2.0558	1.9736
2.3593	2.2913	2.2360	2.1900	2.1179	2.0411	1.9586
2.3463	2.2782	2.2229	2.1768	2.1045	2.0275	1.9446
2.3343	2.2662	2.2107	2.1646	2.0921	2.0148	1.9317
2.2490	2.1802	2.1240	2.0772	2.0035	1.9245	1.8389
2.1665	2.0970	2.0401	1.9926	1.9174	1.8364	1.7480
2.0867	2.0164	1.9588	1.9105	1.8337	1.7505	1.6587
2.0096	1.9384	1.8799	1.8307	1.7522	1.6664	1.5705

$F_{(m_1, m_2)}(0.025)$ 的百分點

m_2 \ m_1	1	2	3	4	5	6
1	647.79	799.50	864.16	899.58	921.85	937.11
2	38.506	39.000	39.165	39.248	39.298	39.331
3	17.443	16.044	15.439	15.101	14.885	14.735
4	12.218	10.649	9.9792	9.6045	9.3645	9.1973
5	10.007	8.4336	7.7636	7.3879	7.1464	6.9777
6	8.8131	7.2598	6.5988	6.2272	5.9876	5.8197
7	8.0727	6.5415	5.8898	5.5226	5.2852	5.1186
8	7.5709	6.0595	5.4160	5.0526	4.8173	4.6517
9	7.2093	5.7147	5.0781	4.7181	4.4844	4.3197
10	6.9367	5.4564	4.8256	4.4683	4.2361	4.0721
11	6.7241	5.2559	4.6300	4.2751	4.0440	3.8807
12	6.5538	5.0959	4.4742	4.1212	3.8911	3.7283
13	6.4143	4.9653	4.3472	3.9959	3.7667	3.6043
14	6.2979	4.8567	4.2417	3.8919	3.6634	3.5014
15	6.1995	4.7650	4.1528	3.8043	3.5764	3.4147
16	6.1151	4.6867	4.0768	3.7294	3.5021	3.3406
17	6.0420	4.6189	4.0112	3.6648	3.4379	3.2767
18	5.9781	4.5597	3.9539	3.6083	3.3820	3.2209
19	5.9216	4.5075	3.9034	3.5587	3.3327	3.1718
20	5.8715	4.4613	3.8587	3.5147	3.2891	3.1283
21	5.8266	4.4199	3.8188	3.4754	3.2501	3.0895
22	5.7863	4.3828	3.7829	3.4401	3.2151	3.0546
23	5.7498	4.3492	3.7505	3.4083	3.1835	3.0232
24	5.7167	4.3187	3.7211	3.3794	3.1548	2.9946
25	5.6864	4.2909	3.6943	3.3530	3.1287	2.9685
26	5.6586	4.2655	3.6697	3.3289	3.1048	2.9447
27	5.6331	4.2421	3.6472	3.3067	3.0828	2.9228
28	5.6096	4.2205	3.6264	3.2863	3.0625	2.9027
29	5.5878	4.2006	3.6072	3.2674	3.0438	2.8840
30	5.5675	4.1821	3.5894	3.2499	3.0265	2.8667
40	5.4239	4.0510	3.4633	3.1261	2.9037	2.7444
60	5.2857	3.9253	3.3425	3.0077	2.7863	2.6274
120	5.1524	3.8046	3.2270	2.8943	2.6740	2.5154
∞	5.0239	3.6889	3.1161	2.7858	2.5665	2.4082

$\alpha = 0.025$

	7	8	9	10	12	15	20
1	948.22	956.66	963.28	968.63	976.71	984.87	993.10
2	39.355	39.373	39.387	39.398	39.415	39.431	39.448
3	14.624	14.540	14.473	14.419	14.337	14.253	14.167
4	9.0741	8.9796	8.9047	8.8439	8.7512	8.6565	8.5599
5	6.8531	6.7572	6.6810	6.6192	6.5246	6.4277	6.3285
6	5.6955	5.5996	5.5234	5.4613	5.3662	5.2687	5.1684
7	4.9949	4.8994	4.8232	4.7611	4.6658	4.5678	4.4667
8	4.5286	4.4332	4.3572	4.2951	4.1997	4.1012	3.9995
9	4.1971	4.1020	4.0260	3.9639	3.8682	3.7694	3.6669
10	3.9498	3.8549	3.7790	3.7168	3.6209	3.5217	3.4186
11	3.7586	3.6638	3.5879	3.5257	3.4296	3.3299	3.2261
12	3.6065	3.5118	3.4358	3.3736	3.2773	3.1772	3.0728
13	3.4827	3.3880	3.3120	3.2497	3.1532	3.0527	2.9477
14	3.3799	3.2853	3.2093	3.1469	3.0501	2.9493	2.8437
15	3.2934	3.1987	3.1227	3.0602	2.9633	2.8621	2.7559
16	3.2194	3.1248	3.0488	2.9862	2.8890	2.7875	2.6808
17	3.1556	3.0610	2.9849	2.9222	2.8249	2.7230	2.6158
18	3.0999	3.0053	2.9291	2.8664	2.7689	2.6667	2.5590
19	3.0509	2.9563	2.8800	2.8173	2.7196	2.6171	2.5089
20	3.0074	2.9128	2.8365	2.7737	2.6758	2.5731	2.4645
21	2.9686	2.8740	2.7977	2.7348	2.6368	2.5338	2.4247
22	2.9338	2.8392	2.7628	2.6998	2.6017	2.4984	2.3890
23	2.9024	2.8077	2.7313	2.6682	2.5699	2.4665	2.3567
24	2.8738	2.7791	2.7027	2.6396	2.5412	2.4374	2.3273
25	2.8478	2.7531	2.6766	2.6135	2.5149	2.4110	2.3005
26	2.8240	2.7293	2.6528	2.5895	2.4909	2.3867	2.2759
27	2.8021	2.7074	2.6309	2.5676	2.4688	2.3644	2.2533
28	2.7820	2.6872	2.6106	2.5473	2.4484	2.3438	2.2324
29	2.7633	2.6686	2.5919	2.5286	2.4295	2.3248	2.2131
30	2.7460	2.6513	2.5746	2.5112	2.4120	2.3072	2.1952
40	2.6238	2.5289	2.4519	2.3882	2.2882	2.1819	2.0677
60	2.5068	2.4117	2.3344	2.2702	2.1692	2.0613	1.9445
120	2.3948	2.2994	2.2217	2.1570	2.0548	1.9450	1.8249
∞	2.2875	2.1918	2.1136	2.0483	1.9447	1.8326	1.7085

F$_{(m_1, m_2)}$(0.01) 的百分點

m₂ \ m₁	1	2	3	4	5	6
1	4052.2	4999.5	5403.3	5624.6	5763.7	5859.0
2	98.503	99.000	99.166	99.249	99.299	99.332
3	34.116	30.817	29.457	28.710	28.237	27.911
4	21.198	18.000	16.694	15.977	15.522	15.207
5	16.258	13.274	12.060	11.392	10.967	10.672
6	13.745	10.925	9.7795	9.1483	8.7459	8.4661
7	12.246	9.5466	8.4513	7.8467	7.4604	7.1914
8	11.259	8.6491	7.5910	7.0060	6.6318	6.3707
9	10.561	8.0215	6.9919	6.4221	6.0569	5.8018
10	10.044	7.5594	6.5523	5.9943	5.6363	5.3858
11	9.6460	7.2057	6.2167	5.6683	5.3160	5.0692
12	9.3302	6.9266	5.9526	5.4119	5.0643	4.8206
13	9.0738	6.7010	5.7394	5.2053	4.8616	4.6204
14	8.8616	6.5147	5.5639	5.0354	4.6950	4.4558
15	8.6831	6.3589	5.4170	4.8932	4.5556	4.3183
16	8.5310	6.2262	5.2922	4.7726	4.4374	4.2016
17	8.3997	6.1121	5.1850	4.6690	4.3359	4.1015
18	8.2854	6.0129	5.0919	4.5790	4.2479	4.0146
19	8.1850	5.9259	5.0103	4.5003	4.1708	3.9386
20	8.0960	5.8489	4.9382	4.4307	4.1027	3.8714
21	8.0166	5.7804	4.8740	4.3688	4.0421	3.8117
22	7.9454	5.7190	4.8166	4.3134	3.9880	3.7583
23	7.8811	5.6637	4.7649	4.2635	3.9392	3.7102
24	7.8229	5.6136	4.7181	4.2184	3.8951	3.6667
25	7.7698	5.5680	4.6755	4.1774	3.8550	3.6272
26	7.7213	5.5263	4.6366	4.1400	3.8183	3.5911
27	7.6767	5.4881	4.6009	4.1056	3.7848	3.5580
28	7.6356	5.4529	4.5681	4.0740	3.7539	3.5276
29	7.5976	5.4205	4.5378	4.0449	3.7254	3.4995
30	7.5625	5.3904	4.5097	4.0179	3.6990	3.4735
40	7.3141	5.1785	4.3126	3.8283	3.5138	3.2910
60	7.0771	4.9774	4.1259	3.6491	3.3389	3.1187
120	6.8510	4.7865	3.9493	3.4796	3.1735	2.9559
∞	6.6349	4.6052	3.7816	3.3192	3.0173	2.8020

$\alpha = 0.01$

	7	8	9	10	12	15	20
1	5928.3	5981.6	6022.5	6055.8	6106.3	6157.3	6208.7
2	99.356	99.374	99.388	99.399	99.416	99.432	99.449
3	27.672	27.489	27.345	27.229	27.052	26.872	26.690
4	14.976	14.799	14.659	14.546	14.374	14.198	14.020
5	10.465	10.289	10.158	10.051	9.8883	9.7222	9.5527
6	8.2600	8.1016	7.9761	7.8741	7.7183	7.5590	7.3958
7	6.9928	6.8401	6.7188	6.6201	6.4691	6.3143	6.1554
8	6.1776	6.0289	5.9106	5.8143	5.6668	5.5151	5.3591
9	5.6129	5.4671	5.3511	5.2565	5.1114	4.9621	4.8080
10	5.2001	5.0567	4.9424	4.8492	4.7059	4.5582	4.4054
11	4.8861	4.7445	4.6315	4.5393	4.3974	4.2509	4.0990
12	4.6395	4.4994	4.3875	4.2961	4.1553	4.0096	3.8584
13	4.4410	4.3021	4.1911	4.1003	3.9603	3.8154	3.6646
14	4.2779	4.1399	4.0297	3.9394	3.8001	3.6557	3.5052
15	4.1415	4.0045	3.8948	3.8049	3.6662	3.5222	3.3719
16	4.0259	3.8896	3.7804	3.6909	3.5527	3.4089	3.2588
17	3.9267	3.7910	3.6822	3.5931	3.4552	3.3117	3.1615
18	3.8406	3.7054	3.5971	3.5082	3.3706	3.2273	3.0771
19	3.7653	3.6305	3.5225	3.4338	3.2965	3.1533	3.0031
20	3.6987	3.5644	3.4567	3.3682	3.2311	3.0880	2.9377
21	3.6396	3.5056	3.3981	3.3098	3.1729	3.0299	2.8796
22	3.5867	3.4530	3.3458	3.2576	3.1209	2.9780	2.8274
23	3.5390	3.4057	3.2986	3.2106	3.0740	2.9311	2.7805
24	3.4959	3.3629	3.2560	3.1681	3.0316	2.8887	2.7380
25	3.4568	3.3239	3.2172	3.1294	2.9931	2.8502	2.6993
26	3.4210	3.2884	3.1818	3.0941	2.9579	2.8150	2.6640
27	3.3882	3.2558	3.1494	3.0618	2.9256	2.7827	2.6316
28	3.3581	3.2259	3.1195	3.0320	2.8959	2.7530	2.6017
29	3.3302	3.1982	3.0920	3.0045	2.8656	2.7256	2.5742
30	3.3045	3.1726	3.0665	2.9791	2.8431	2.7002	2.5487
40	3.1238	2.9930	2.8876	2.8005	2.6648	2.5216	2.3689
60	2.9530	2.8233	2.7185	2.6318	2.4961	2.3523	2.1978
120	2.7918	2.6629	2.5586	2.4721	2.3363	2.1915	2.0346
∞	2.6393	2.5113	2.4073	2.3209	2.1848	2.0385	1.8783

$F_{(m_1, m_2)}(0.005)$ 的百分比

m_2 \ m_1	1	2	3	4	5	6
1	16211	20000	21615	22500	23056	23437
2	198.50	199.00	199.17	199.25	199.30	199.33
3	55.552	49.799	47.467	46.195	45.392	44.838
4	31.333	26.284	24.259	23.155	22.456	21.975
5	22.785	18.314	16.530	15.556	14.940	14.513
6	18.635	14.544	12.917	12.028	11.464	11.073
7	16.236	12.404	10.882	10.050	9.5221	9.1554
8	14.688	11.042	9.5965	8.8051	8.3018	7.9520
9	13.614	10.107	8.7171	7.9559	7.4711	7.1338
10	12.826	9.4270	8.0807	7.3428	6.8723	6.5446
11	12.226	8.9122	7.6004	6.8809	6.4217	6.1015
12	11.754	8.5096	7.2258	6.5211	6.0711	5.7570
13	11.374	8.1865	6.9257	6.2335	5.7910	5.4819
14	11.060	7.9217	6.6803	5.9984	5.5623	5.2574
15	10.798	7.7008	6.4760	5.8029	5.3721	5.0708
16	10.575	7.5138	6.3034	5.6378	5.2117	4.9134
17	10.384	7.3536	6.1556	5.4967	5.0746	4.7789
18	10.218	7.2148	6.0277	5.3746	4.9560	4.6627
19	10.073	7.0935	5.9161	5.2681	4.8526	4.5614
20	9.9439	6.9865	5.8177	5.1743	4.7616	4.4721
21	9.8295	6.8914	5.7304	5.0911	4.6808	4.3931
22	9.7271	6.8064	5.6524	5.0168	4.6088	4.3225
23	9.6348	6.7300	5.5823	4.9500	4.65441	4.2591
24	9.5513	6.6610	5.5190	4.8898	4.4857	4.2019
25	9.4753	6.5982	5.4615	4.8351	4.4327	4.1500
26	9.4059	6.5409	5.4091	4.7852	4.3844	4.1027
27	9.3423	6.4885	5.3611	4.7396	4.3402	4.0594
28	9.2838	6.4403	5.3170	4.6977	4.2996	4.0197
29	9.2297	6.3958	5.2764	4.6591	4.2622	3.9830
30	9.1797	6.3547	5.2388	4.6233	4.2276	3.9492
40	8.8278	6.0664	4.9759	4.3738	3.9860	3.7129
60	8.4946	5.7950	4.7290	4.1399	3.7600	3.4918
120	8.1790	5.5393	4.4973	3.9207	3.5482	3.2849
∞	7.8794	5.2983	4.2794	3.7151	3.3499	3.0913

$\alpha = 0.005$

	7	8	9	10	12	15	20
1	23715	23925	24091	624224	24426	24630	24836
2	199.36	199.37	199.39	199.40	199.42	199.43	199.45
3	44.434	44.126	43.882	43.686	43.387	43.085	42.778
4	21.622	21.352	21.139	20.967	20.705	20.438	20.167
5	14.200	13.961	13.772	13.618	13.384	13.146	12.903
6	10.786	10.566	10.391	10.250	10.034	9.8140	9.5888
7	8.8854	8.6781	8.5138	8.3803	8.1764	7.9678	7.7540
8	7.6942	7.4960	7.3386	7.2107	7.0149	6.8143	6.6082
9	6.8849	6.6933	6.5411	6.4171	6.2274	6.0325	5.8318
10	6.3025	6.1159	5.9676	5.8467	5.6613	5.4707	5.2740
11	5.8648	5.6821	5.5368	5.4182	5.2363	5.0489	4.8552
12	5.5245	5.3451	5.2021	5.0855	4.9063	4.7214	4.5299
13	5.2529	5.0761	4.9351	4.8199	4.6429	4.4600	4.2703
14	5.0313	4.8566	4.7173	4.6034	4.4281	4.2468	4.0585
15	4.8473	4.6743	4.5364	4.4236	4.2498	4.0698	3.8826
16	4.6920	4.5207	4.3838	4.2719	4.0994	3.9205	3.7342
17	4.5594	4.3893	4.2535	4.1423	3.9709	3.7929	3.6073
18	4.4448	4.2759	4.1410	4.0305	3.8599	3.6827	3.4977
19	4.3448	4.1770	4.0428	3.9329	3.7631	3.5866	3.4020
20	4.2569	4.0900	3.9564	3.8470	3.6779	3.5020	3.3178
21	4.1789	4.0128	3.8799	3.7709	3.6024	3.4270	3.2431
22	4.1094	3.9440	3.8116	3.7030	3.5350	3.3600	3.1764
23	4.0469	3.8822	3.7502	3.6420	3.4745	3.2999	3.1165
24	3.9905	3.8264	3.6949	3.5870	3.4199	3.2456	3.0624
25	3.9394	3.7758	3.6447	3.5370	3.3704	3.1963	3.0133
26	3.8928	3.7297	3.5989	3.4916	3.3252	3.1515	2.9685
27	3.8501	3.6875	3.5571	3.4499	3.2839	3.1104	2.9275
28	3.8110	3.6487	3.5186	3.4117	3.2460	3.0727	2.8899
29	3.7749	3.6130	3.4832	3.3765	3.2111	3.0379	2.8551
30	3.7416	3.5801	3.4505	3.3440	3.1787	3.0057	2.8230
40	3.5088	3.3498	3.2220	3.1167	2.9531	2.7811	2.5984
60	3.2911	3.1344	3.0083	2.9042	2.7419	2.5705	2.3872
120	3.0874	2.9330	2.8083	2.7052	2.5439	2.3727	2.1881
∞	2.8968	2.7444	2.6210	2.5188	2.3583	2.1868	1.9998

數表 4　Wilcoxon 等級和檢定（雙邊檢定）

α ＝顯著水準，左方是 $\underline{W}_{N_1, N_2}$，右方是 $\overline{W}_{N_1, N_2}$

$\underline{W}_{N_1, N_2}$ 　　$\overline{W}_{N_1, N_2}$

N_1	N_2	α 0.10		α 0.05		α 0.01	
		$\underline{\omega}$	$\overline{\omega}$	$\underline{\omega}$	$\overline{\omega}$	$\underline{\omega}$	$\overline{\omega}$
2	4	——		——		——	
	5	3	13	——		——	
	6	3	15	——		——	
	7	3	17	——		——	
	8	4	18	3	19	——	
	9	4	20	3	21	——	
	10	4	22	3	23	——	
	11	4	24	3	25	——	
	12	5	25	4	26	——	
	13	5	27	4	28	——	
	14	6	28	4	30	——	
	15	6	30	4	32	——	
	16	6	32	4	34	——	
	17	6	34	5	35	——	
	18	7	35	5	37	——	
	19	7	37	5	39	3	41
	20	7	39	5	41	3	43
3	3	6	15	——		——	
	4	6	18	——		——	
	5	7	20	6	21	——	
	6	8	22	7	23	——	
	7	8	25	7	26	——	
	8	9	27	8	28	——	
	9	10	29	8	31	6	33
	10	10	32	9	33	6	36
	11	11	34	9	36	6	39
	12	11	37	10	38	7	41

N₁	N₂	α					
		0.10		0.05		0.01	
		$\underline{\omega}$	$\overline{\omega}$	$\underline{\omega}$	$\overline{\omega}$	$\underline{\omega}$	$\overline{\omega}$
	13	12	39	10	41	7	44
	14	13	41	11	43	7	47
	15	13	44	11	46	8	49
	16	14	46	12	48	8	52
	17	15	48	12	51	8	55
	18	15	51	13	53	8	58
	19	16	53	13	56	9	60
	20	17	55	14	58	9	63
4	4	11	23	10	26	——	
	5	12	28	11	29	——	
	6	13	31	12	32	10	34
	7	14	34	13	35	10	38
	8	15	37	14	38	11	41
	9	16	40	14	42	11	45
	10	17	43	15	45	12	48
	11	18	46	16	48	12	52
	12	19	49	17	51	13	55
	13	20	52	18	54	13	59
	14	21	55	19	57	14	62
	15	22	58	20	60	15	65
	16	24	60	21	63	15	69
	17	25	63	21	67	16	72
	18	26	66	22	70	16	76
	19	27	69	23	73	17	79
	20	28	72	24	76	18	82
5	5	19	36	17	38	15	40
	6	20	40	18	42	16	44
	7	21	44	20	45	16	49
	8	23	47	21	49	17	53
	9	24	51	22	53	18	57

N₁	N₂	α					
		0.10		0.05		0.01	
		$\underline{\omega}$	$\overline{\omega}$	$\underline{\omega}$	$\overline{\omega}$	$\underline{\omega}$	$\overline{\omega}$
	10	26	54	23	57	19	61
	11	27	58	24	61	20	65
	12	28	62	26	64	21	69
	13	30	65	27	68	22	73
	14	31	69	28	72	22	78
	15	33	72	29	76	23	82
	16	34	76	30	80	24	86
	17	35	80	32	83	25	90
	18	37	83	33	87	26	94
	19	38	87	34	91	27	98
	20	40	90	35	95	28	102
6	6	28	50	26	52	23	55
	7	29	55	27	57	24	60
	8	31	59	29	61	25	65
	9	33	63	31	65	26	70
	10	35	67	32	70	27	75
	11	37	71	34	74	28	80
	12	38	76	35	79	30	84
	13	40	80	37	83	31	89
	14	42	84	38	88	32	94
	15	44	88	40	92	33	99
	16	46	92	42	96	34	104
	17	47	97	43	101	36	108
	18	49	101	45	105	37	113
	19	51	105	46	110	38	118
	20	53	109	48	114	39	123
7	7	39	66	36	69	32	73
	8	41	71	38	84	34	78
	9	43	76	40	79	35	84
	10	45	81	42	84	37	89
	11	47	86	44	89	38	95

N₁	N₂	α					
		0.10		0.05		0.01	
		$\underline{\omega}$	$\overline{\omega}$	$\underline{\omega}$	$\overline{\omega}$	$\underline{\omega}$	$\overline{\omega}$
	12	49	91	46	94	40	100
	13	52	95	48	99	41	106
	14	54	100	50	104	43	111
	15	56	105	52	109	44	117
	16	58	110	54	114	46	122
	17	61	114	56	119	47	128
	18	63	119	58	124	49	133
	19	65	124	60	129	50	139
	20	67	129	62	134	52	144
8	8	51	85	49	87	43	93
	9	54	90	51	93	45	99
	10	56	96	53	99	47	105
	11	59	101	55	105	49	111
	12	62	106	58	110	51	117
	13	64	112	60	116	53	123
	14	67	117	62	122	54	130
	15	69	123	65	127	56	136
	16	72	128	67	133	58	142
	17	75	133	70	138	60	148
	18	77	139	72	144	62	154
	19	80	144	74	150	64	160
	20	83	149	77	155	66	166
9	9	66	105	62	109	56	115
	10	69	111	65	115	58	122
	11	72	117	68	121	61	128
	12	75	123	71	127	63	135
	13	78	129	73	134	65	142
	14	81	135	76	140	67	149
	15	84	141	79	146	69	156
	16	87	147	82	152	72	162
	17	90	153	84	159	74	169

數表 5　Wilcoxon 符號等級檢定（雙邊檢定）

單邊	雙邊	$n = 5$	$n = 6$	$n = 7$	$n = 8$	$n = 9$	$n = 10$	$n = 11$	$n = 12$
$\alpha = .05$	$\alpha = .10$	1	2	4	6	8	11	14	17
$\alpha = .025$	$\alpha = .05$		1	2	4	6	8	11	14
$\alpha = .01$	$\alpha = .02$			0	2	3	5	7	10
$\alpha = .005$	$\alpha = .01$				0	2	3	5	7
		$n = 13$	$n = 14$	$n = 15$	$n = 16$	$n = 17$	$n = 18$	$n = 19$	$n = 20$
$\alpha = .05$	$\alpha = .10$	21	26	30	36	41	47	54	60
$\alpha = .025$	$\alpha = .05$	17	21	25	30	35	40	46	52
$\alpha = .01$	$\alpha = .02$	13	16	20	24	28	33	38	43
$\alpha = .005$	$\alpha = .01$	10	13	16	19	23	28	32	37
		$n = 21$	$n = 22$	$n = 23$	$n = 24$	$n = 25$	$n = 26$	$n = 27$	$n = 28$
$\alpha = .05$	$\alpha = .10$	68	75	83	92	101	110	120	130
$\alpha = .025$	$\alpha = .05$	59	66	73	81	90	98	107	117
$\alpha = .01$	$\alpha = .02$	49	56	62	69	77	85	93	102
$\alpha = .005$	$\alpha = .01$	43	49	55	61	68	76	84	92
		$n = 29$	$n = 30$	$n = 31$	$n = 32$	$n = 33$	$n = 34$	$n = 35$	$n = 36$
$\alpha = .05$	$\alpha = .10$	141	152	163	175	188	201	214	228
$\alpha = .025$	$\alpha = .05$	127	137	148	159	171	183	195	208
$\alpha = .01$	$\alpha = .02$	111	120	130	141	151	162	174	186
$\alpha = .005$	$\alpha = .01$	100	109	109	128	138	149	160	171
		$n = 37$	$n = 38$	$n = 39$	$n = 40$	$n = 41$	$n = 42$	$n = 43$	$n = 44$
$\alpha = .05$	$\alpha = .10$	242	256	271	287	303	319	336	353
$\alpha = .025$	$\alpha = .05$	222	235	250	264	279	295	311	327
$\alpha = .01$	$\alpha = .02$	198	211	224	238	252	267	281	297
$\alpha = .005$	$\alpha = .01$	183	195	208	221	234	248	262	277
		$n = 45$	$n = 46$	$n = 47$	$n = 48$	$n = 49$	$n = 50$		
$\alpha = .05$	$\alpha = .10$	371	389	408	427	446	466		
$\alpha = .025$	$\alpha = .05$	344	361	379	497	415	434		
$\alpha = .01$	$\alpha = .02$	313	329	345	362	380	398		
$\alpha = .005$	$\alpha = .01$	292	307	323	339	356	373		

數表 6　學生化全距的百分點（一）

$$q_{\alpha(k,\,n-k)}$$

$\alpha = 0.05$

k v	2	3	4	5	6	8	10
1	17.9693	26.9755	32.8187	37.0815	40.4076	45.3973	49.0710
2	6.0849	8.3308	9.7980	10.8811	11.7343	13.0273	13.9885
3	4.5007	5.9096	6.8245	7.5017	8.0371	8.8525	9.4620
4	3.9265	5.0402	5.7571	6.2870	6.7064	7.3465	7.8263
5	3.6354	4.6017	5.2183	5.6731	6.0329	6.5823	6.9947
6	3.4605	4.3392	4.8956	5.3049	5.6284	6.1222	6.4931
7	3.3441	4.1649	4.6813	5.0601	5.3591	5.8153	6.1579
8	3.2612	4.0410	4.5288	4.8858	5.1672	5.5962	5.9183
9	3.1992	3.9485	4.4149	4.7554	4.0235	5.4319	5.7384
10	3.1511	3.8768	4.3266	4.6543	5.9120	5.3042	5.5984
12	3.0813	3.7729	4.1987	4.5077	4.7502	5.1187	5.3946
14	3.0332	3.7014	4.1105	4.4066	4.6385	4.9903	5.2534
16	2.9980	3.6491	4.0461	4.3327	4.5568	4.8962	5.1498
18	2.9712	3.6093	3.9970	4.2763	4.4944	4.8243	5.0705
20	2.9500	3.5779	3.9583	4.2319	4.4452	4.7676	5.0079
24	2.9188	3.5317	3.9013	4.1663	4.3727	4.6838	4.9152
30	2.8882	3.4864	3.8454	4.1021	4.3015	4.6014	4.8241
40	2.8582	3.4421	3.7907	4.0391	4.2316	4.5205	4.7345
60	2.8288	3.3987	3.7371	3.9774	4.1632	4.4411	4.6463
120	2.8000	3.3561	3.6846	3.9169	4.0960	4.3630	4.5595
∞	2.7718	3.3145	3.6332	3.8577	4.0301	4.2863	4.4741

數表 6　學生化全距的百分點（二）

$$q_{\alpha(k,\,n-k)}$$

$\alpha = 0.01$

k v	2	3	4	5	6	8	10
1	90.0242	135.0407	164.2577	185.5753	202.2097	227.1663	245.5416
2	14.0358	19.0189	22.2937	24.7172	26.6290	29.5301	31.6894
3	8.2603	10.6185	12.1695	13.3243	14.2407	15.6410	16.6908
4	6.5112	8.1198	9.1729	9.9583	10.5832	11.5418	12.2637
5	5.7023	6.9757	7.8042	8.4215	8.9131	9.6687	10.2393
6	5.2431	6.3305	7.0333	7.5560	7.9723	8.6125	9.0966
7	4.9490	5.9193	6.5424	7.0050	7.3730	7.9390	8.3674
8	4.7452	5.6354	6.2038	6.6248	6.9594	7.4738	7.8632
9	4.5960	5.4280	5.9567	6.3473	6.6574	7.1339	7.4945
10	4.4820	5.2702	5.7686	6.1361	6.4275	6.8749	7.2133
12	4.3198	5.0459	5.5016	5.8363	6.1011	6.5069	6.8136
14	4.2099	4.8945	5.3215	5.6340	5.8808	6.2583	6.5432
16	4.1306	4.7855	5.1919	5.4885	5.7223	6.0793	6.3483
18	4.0707	4.7034	5.0942	5.3788	5.6028	5.9443	6.2013
20	4.0239	4.6392	5.0180	5.2933	5.5095	5.8389	6.0865
24	3.9555	4.5456	4.9068	5.1684	5.3735	5.6850	5.9187
30	3.8891	4.4549	4.7992	5.0476	5.2418	5.5361	5.7563
40	3.8247	4.3672	4.6951	4.9308	5.1145	5.3920	5.5989
60	3.7622	4.2822	4.5944	4.8178	4.9913	4.2525	5.4466
120	3.7016	4.1999	4.4970	4.7085	4.8722	5.1176	5.2992
∞	3.6428	4.1203	4.4028	4.6028	4.7570	4.9872	1.1566

數表 7 Hartley 檢定的百分點（一）

$\alpha = 0.05$

a＼m	2	3	4	5	6	7	8	9	10
2	39.0	87.5	142	202	266	333	403	475	550
3	15.4	27.8	39.5	50.9	62.0	72.8	83.5	93.9	104
4	9.60	15.5	20.6	25.2	29.5	33.6	37.5	41.2	44.8
5	7.15	10.8	13.7	16.3	18.7	20.9	22.9	24.8	26.6
6	5.82	8.36	10.4	12.1	13.6	15.0	16.3	17.5	18.6
7	4.99	6.94	8.44	9.70	10.8	11.8	12.7	13.5	14.3
8	4.43	6.00	7.19	8.17	9.02	9.77	10.5	11.1	11.7
9	4.03	5.34	6.31	7.11	7.79	8.40	8.94	9.44	9.90
10	3.72	4.85	5.67	6.34	6.91	7.41	7.86	8.27	8.61
11	3.47	4.46	5.18	5.75	6.24	6.67	7.05	7.39	7.71
12	3.28	4.16	4.79	5.30	5.72	6.09	6.42	6.72	6.99
13	3.12	3.91	4.48	4.93	5.30	5.63	5.92	6.18	6.42
14	2.98	3.71	4.22	4.62	4.96	5.25	5.51	5.74	5.96
15	2.86	3.53	4.00	4.37	4.67	4.94	5.17	5.38	5.57
16	2.76	3.38	3.81	4.15	4.43	4.67	4.88	5.08	5.25
17	2.67	3.25	3.65	3.96	4.22	4.44	4.64	4.81	4.97
18	2.60	3.14	3.51	3.80	4.04	4.25	4.43	4.59	4.74
19	2.53	3.04	3.39	3.66	3.88	4.07	4.24	4.39	4.53
20	2.46	2.95	3.28	3.53	3.74	3.92	4.08	4.22	4.35
21	2.41	2.87	3.18	3.42	3.62	3.79	3.93	4.06	4.18
22	2.36	2.80	3.09	3.32	3.51	3.66	3.80	3.93	4.04
23	2.31	2.73	3.01	3.23	3.40	3.56	3.69	3.80	3.91
24	2.27	2.67	2.94	3.14	3.31	3.46	3.58	3.69	3.79
25	2.23	2.61	2.87	3.07	3.23	3.37	3.48	3.59	3.68
26	2.19	2.56	2.81	3.00	3.15	3.28	3.40	3.50	3.59
27	2.16	2.52	2.75	2.93	3.08	3.21	3.32	3.41	3.50
28	2.13	2.47	2.70	2.88	3.02	3.14	3.24	3.33	3.42
29	2.10	2.43	2.65	2.82	2.96	3.07	3.17	3.26	3.34
30	2.07	2.40	2.61	2.77	2.90	3.01	3.11	3.19	3.27
40	1.88	2.12	2.28	2.40	2.50	2.58	2.65	2.72	2.77
60	1.67	1.84	1.96	2.04	2.11	2.16	2.21	2.25	2.29
120	1.43	1.54	1.60	1.65	1.69	1.72	1.74	1.77	1.79
∞	1.00	1.00	1.00	1.00	1.00	1.00	1.00	1.00	1.00

數表 7　Hartley 檢定的百分點（二）

$\alpha = 0.01$

m \ a	2	3	4	5	6	7	8	9	10
2	199	447	729	1036	1362	1705	2063	2432	2813
3	47.5	84.6	120	154	187	219	251	282	313
4	23.2	36.7	48.4	59.1	69.0	78.3	87.2	95.7	104
5	14.9	22.1	27.9	33.0	37.6	41.9	45.8	49.5	53.1
6	11.1	15.6	19.2	22.2	24.9	27.3	29.6	31.7	33.6
7	8.89	12.1	14.5	16.6	18.4	20.0	21.5	22.8	24.1
8	7.50	9.94	11.8	13.3	14.6	15.7	16.8	17.7	18.6
9	6.54	8.49	9.93	11.1	12.1	13.0	13.8	14.5	15.2
10	5.85	7.46	8.64	9.59	10.4	11.1	11.7	12.3	12.8
11	5.32	6.70	7.68	8.48	9.15	9.73	10.3	10.7	11.2
12	4.91	6.10	6.95	7.63	8.20	8.69	9.13	9.53	9.89
13	4.57	5.63	6.37	6.96	7.46	7.88	8.26	8.61	8.92
14	4.30	5.25	5.91	6.43	6.86	7.24	7.57	7.87	8.14
15	4.07	4.93	5.52	5.99	6.37	6.71	7.00	7.27	7.51
16	3.87	4.66	5.20	5.62	5.97	6.27	6.53	6.77	6.98
17	3.71	4.43	4.92	5.30	5.62	5.90	6.14	6.65	6.54
18	3.56	4.23	4.68	5.04	5.33	5.58	5.80	5.99	6.17
19	3.43	4.05	4.48	4.80	5.07	5.30	5.50	5.68	5.85
20	3.32	3.90	4.29	4.60	4.85	5.06	5.25	5.42	5.57
21	3.22	3.76	4.13	4.42	4.65	4.85	5.02	5.18	5.32
22	3.12	3.64	3.99	4.26	4.48	4.66	4.82	4.97	5.10
23	3.04	3.53	3.86	4.11	4.32	4.49	4.65	4.78	4.90
24	2.97	3.43	3.74	3.98	4.18	4.34	4.49	4.61	4.73
25	2.90	3.34	3.64	3.86	4.05	4.21	4.34	4.46	4.57
26	2.84	3.26	3.54	3.76	3.93	4.08	4.21	4.32	4.43
27	2.78	3.18	3.45	3.66	3.83	3.97	4.09	4.20	4.30
28	2.72	3.11	3.37	3.57	3.73	3.86	3.98	4.08	4.18
29	2.67	3.05	3.30	3.49	3.64	3.77	3.88	3.98	4.07
30	2.63	2.99	3.23	3.41	3.56	3.68	3.79	3.88	3.97
40	2.30	2.56	2.74	2.87	2.97	3.06	3.14	3.20	3.26
60	1.96	2.15	2.26	2.35	2.42	2.47	2.52	2.57	2.61
120	1.61	1.71	1.77	1.82	1.86	1.89	1.91	1.94	1.96
∞	1.00	1.00	1.00	1.00	1.00	1.00	1.00	1.00	1.00

數表 8　Kruskal-Wallis 檢定的右側的顯著機率

(3, 3, 3)		(3, 4, 5)		(3, 5, 5)	
KW_0	P	KW_0	P	KW_0	P
4.622	.100	4.523	.103	4.545	.100
5.067	.086	4.549	.099	4.571	.098
5.422	.071	4.564	.097	4.694	.094
5.600	.050	4.645	.095	4.774	.092
5.689	.029	4.676	.093	4.826	.089
		4.754	.091	4.835	.088
(3, 3, 4)		4.789	.089	0.888	.082
KW_0	P	4.810	.088	4.914	.079
4.700	.101	4.830	.083	4.941	.077
4.709	.092	4.856	.082		
4.818	.085	4.881	.081	(3, 5, 5)	
4.846	.081	4.891	.078	KW_0	P
5.000	.074	4.939	.075	4.993	.075
5.064	.070	4.953	.074		
5.109	.068	4.983	.073		
5.254	.064	5.041	.072		
5.436	.062	5.045	.071		
5.500	.056	5.106	.070		
5.573	.053	5.137	.068		
5.727	.050	5.58	.067		
5.791	.046				
(3, 3, 5)					
KW_0	P				
4.412	.109				
4.533	.097				

(3, 3, 5) / 第二欄:

KW_0	P
4.679	.094
4.776	.090
4.800	.087
4.848	.085
4.861	.082
4.909	.079
5.042	.077
5.079	.069
5.103	.067
5.212	.065
5.261	.062
5.346	.058
5.442	.055
5.503	.053
5.515	.051
5.648	.049

(3, 4, 4)

KW_0	P
4.477	.102
4.546	.099
4.576	.097
4.598	.093
4.712	.090
4.750	.087
4.894	.084
5.053	.078
5.144	.073
5.182	.068
5.212	.066

第三欄上部:

KW_0	P
5.296	.063
5.303	.061
5.326	.058
5.386	.054
5.500	.052
5.576	.051
5.598	.049

第四欄上部:

KW_0	P
5.180	.065
5.291	.063
5.308	.062
5.342	.061
5.349	.061
5.353	.059
5.414	.058
5.426	.057
5.549	.054
5.568	.052
5.619	.051
5.631	.050
5.656	.049

5.020	.072
5.064	.070
5.152	.067
5.169	.065
5.222	.065
5.284	.063
5.363	.062
5.407	.059
5.486	.057
5.494	.056
5.521	.055
5.574	.053
5.600	.051
5.626	.051
5.706	.046

(4, 4, 4)

KW_0	P
4.500	.104
4.654	.097
4.769	.094
4.885	.086
4.962	.080
5.115	.074
5.346	.063
5.538	.057
5.654	.055
5.692	.049

(4, 4, 5)

KW_0	P
4.619	.100
4.668	.098
4.685	.096
4.701	.094
4.711	.092

4.728	.091
4.747	.089
4.760	.088
4.813	.086
4.830	.084
4.833	.082
4.896	.081
4.975	.077
5.014	.076
5.024	.074
5.028	.073
5.090	.071
5.172	.069
5.196	.068
5.225	.066
5.344	.065
5.360	.063
5.370	.062
5.387	.061
5.410	.060
5.440	.059
5.476	.057
5.486	.056
5.489	.056
5.519	.054
5.568	.052
5.571	.051
5.618	.050
5.657	.049

(4, 5, 5)

KW_0	P
4.520	.101
4.523	.099
4.531	.098
4.591	.096
4.611	.095

4.660	.093
4.706	.092
4.806	.089
4.843	.088
4.851	.086
4.866	.084
4.886	.083
4.911	.079
4.943	.078
4.980	.076
5.023	.075
5.071	.074
5.126	.073
5.163	.070
5.171	.069
5.186	.068
5.206	.067
5.231	.066
5.263	.064
5.323	.063
5.400	.061
5.446	.059
5.460	.058

(4, 5, 5)

KW_0	P
5.483	.057
5.491	.056
5.526	.056
5.571	.055
5.583	.052
5.620	.051
5.643	.050
5.666	.049

(5, 5, 5)

KW_0	P
4.560	.100
4.580	.096
4.740	.092
4.820	.089
4.860	.085
4.880	.084
4.940	.081
5.040	.075
5.120	.072
5.180	.070
5.360	.065
5.420	.063
5.460	.060
5.540	.055
5.580	.053
5.660	.051
5.780	.049

數表 9　Friedman 檢定的右側的顯著機率

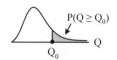

R：處理數　　b：集區數

k = 3,	b = 3
Q_0	$P(Q \geq Q_0)$
4.667	.194
6.000	.028

k = 3,	b = 4
Q_0	$P(Q \geq Q_0)$
4.5	.125
6.0	.069
6.5	.042

k = 3,	b = 5
Q_0	$P(Q \geq Q_0)$
4.8	.124
5.2	.093
6.4	0.39

k = 4,	b = 2
Q_0	$P(Q \geq Q_0)$
5.4	.167
6.0	.042

k = 4,	b = 3
Q_0	$P(Q \geq Q_0)$
5.8	.148
6.6	.075
7.0	.054
7.4	.033

k = 4,	b = 4
Q_0	$P(Q \geq Q_0)$
6.0	.105
6.3	.094
6.6	.077
6.9	.068
7.2	.054
7.5	.052
7.8	.036

k = 4,	b = 5
Q_0	$P(Q \geq Q_0)$
6.12	.107
6.36	.093
6.84	.075
7.08	.067
7.32	.055
7.80	.044

k = 5,	b = 3
Q_0	$P(Q \geq Q_0)$
7.200	.177
7.467	.096
7.733	.080
8.000	.063
8.267	.056
8.533	.045

k = 5,	b = 4
Q_0	$P(Q \geq Q_0)$
7.4	.113
7.6	.095
7.8	.086
8.0	.080
8.2	.072
8.4	.063
8.6	.060
8.8	.049

數表 10　Dunnett 檢定的上邊 5% 點（相關係數 = 0.1 時）

$d'_a(a, \varphi_e, \rho)(a = 0.05, \rho = 0.1)$ 之值

φ_e \ a	2	3	4	5	6	7	8	9
2	2.920	4.032	4.751	5.280	5.695	6.035	6.322	6.569
3	2.353	3.067	3.509	3.830	4.080	4.286	4.459	4.609
4	2.132	2.706	3.052	3.301	3.494	3.652	3.786	3.902
5	2.015	2.520	2.819	3.301	3.197	3.331	3.445	3.544
6	1.943	2.407	2.677	2.869	3.018	3.139	3.241	3.328
7	1.895	2.331	2.583	2.761	2.899	3.010	3.104	3.185
8	1.860	2.277	2.516	2.684	2.814	2.919	3.007	3.084
9	1.833	2.236	2.466	2.627	2.750	2.851	2.935	3.007
10	1.812	2.204	2.427	2.582	2.701	2.797	2.878	2.948
11	1.796	2.179	2.395	2.546	2.662	2.755	2.834	2.901
12	1.782	2.158	2.370	2.517	2.629	2.720	2.797	2.862
13	1.771	2.141	2.348	2.493	2.603	2.692	2.766	2.830
14	1.761	2.126	2.330	2.472	2.580	2.667	2.740	2.803
15	1.753	2.113	2.315	2.454	2.561	2.647	2.718	2.780
16	1.746	2.103	2.302	2.439	2.544	2.629	2.699	2.760
17	1.740	2.093	2.290	2.426	2.529	2.613	2.682	2.742
18	1.734	2.085	2.280	2.414	2.516	2.599	2.668	2.727
19	1.729	2.077	2.270	2.404	2.505	2.587	2.655	2.713
20	1.725	2.071	2.262	2.394	2.495	2.575	2.643	2.701
21	1.721	2.065	2.255	2.386	2.485	2.566	2.632	2.690
22	1.717	2.059	2.248	2.378	2.477	2.557	2.623	2.680
23	1.714	2.054	2.242	2.371	2.470	2.548	2.614	2.671
24	1.711	2.050	2.237	2.365	2.463	2.541	2.606	2.662
25	1.708	2.046	2.232	2.359	2.456	2.534	2.599	2.655
26	1.706	2.042	2.227	2.354	2.451	2.528	2.593	2.648
27	1.703	2.038	2.223	2.349	2.445	2.522	2.586	2.641
28	1.701	2.035	2.219	2.345	2.440	2.517	2.581	2.635
29	1.699	2.032	2.215	2.341	2.436	2.512	2.575	2.630
30	1.697	2.029	2.212	2.337	2.431	2.507	2.571	2.625

φ_e ╲ α	2	3	4	5	6	7	8	9
31	1.696	2.027	2.208	2.333	2.427	2.503	2.566	2.620
32	1.694	2.024	2.205	2.330	2.424	2.499	2.562	2.615
33	1.692	2.022	2.203	2.326	2.420	2.495	2.558	2.611
34	1.691	2.020	2.200	2.323	2.417	2.492	2.554	2.607
35	1.690	2.018	2.198	2.321	2.414	2.488	2.550	2.604
36	1.688	2.016	2.195	2.318	2.411	2.485	2.547	2.600
37	1.687	2.014	2.193	2.315	2.408	2.482	2.544	2.597
38	1.686	2.012	2.191	2.313	2.405	2.479	2.541	2.594
39	1.685	2.011	2.189	2.311	2.403	2.477	2.538	2.591
40	1.684	2.009	2.187	2.309	2.400	2.474	2.535	2.588
41	1.683	2.008	2.185	2.307	2.398	2.472	2.533	2.585
42	1.682	2.006	2.184	2.305	2.396	2.469	2.530	2.583
43	1.681	2.005	2.182	2.303	2.394	2.467	2.528	2.580
44	1.680	2.004	2.180	2.301	2.392	2.465	2.526	2.578
45	1.679	2.003	2.179	2.299	2.390	2.463	2.524	2.576
46	1.679	2.001	2.178	2.298	2.389	2.461	2.522	2.574
47	1.678	2.000	2.176	2.296	2.387	2.460	2.520	2.572
48	1.677	1.999	2.175	2.295	2.385	2.458	2.518	2.570
49	1.677	1.998	2.174	2.293	2.384	2.456	2.516	2.568
50	1.676	1.997	2.173	2.292	2.382	2.455	2.515	2.566
60	1.671	1.989	2.163	2.281	2.370	2.442	2.501	2.552
80	1.664	1.980	2.151	2.267	2.355	2.426	2.484	2.534
100	1.660	1.974	2.144	2.259	2.346	2.416	2.474	2.523
120	1.658	1.970	2.139	2.254	2.341	2.410	2.467	2.516
240	1.651	1.960	2.127	2.241	2.326	2.394	2.450	2.499
360	1.649	1.957	2.124	2.236	2.321	2.389	2.445	2.493
∞	1.645	1.951	2.116	2.228	2.312	2.378	2.434	2.481

註：$d'_{0.05}(2, 10, 0.1) = 1.812$, $d'_{0.05}(5, 20, 0.1) = 2.394$, $d'_{0.05}(7, 30, 0.1) = 2.507$ 。

數表 10 Dunnett 檢定的上邊 5% 點（相關係數 = 0.3 時）

$d'_a(\alpha, \varphi_e, \rho)(\alpha = 0.05, \rho = 0.3)$ 之值

φ_e \ α	2	3	4	5	6	7	8	9
2	2.920	3.932	4.563	5.019	5.374	5.663	5.906	6.116
3	2.353	3.013	3.409	3.692	3.911	4.089	4.239	4.367
4	2.132	2.666	2.981	3.204	3.375	3.515	3.632	3.732
5	2.015	2.487	2.762	2.954	3.103	3.223	3.323	3.410
6	1.943	2.379	2.629	2.804	2.938	3.047	3.138	3.216
7	1.895	2.306	2.540	2.703	2.828	2.929	3.014	3.086
8	1.860	2.253	2.476	2.631	2.750	2.846	2.926	2.994
9	1.833	2.214	2.429	2.578	2.691	2.783	2.859	2.925
10	1.812	2.183	2.392	2.536	2.646	2.734	2.808	2.871
11	1.796	2.159	2.362	2.503	2.609	2.695	2.767	2.829
12	1.782	2.139	2.338	2.475	2.580	2.664	2.734	2.794
13	1.771	2.122	2.318	2.452	2.555	2.637	2.706	2.765
14	1.761	2.108	2.301	2.433	2.534	2.615	2.682	2.740
15	1.753	2.096	2.286	2.417	2.516	2.596	2.662	2.719
16	1.746	2.085	2.273	2.403	2.500	2.579	2.645	2.701
17	1.740	2.076	2.262	2.390	2.487	2.565	2.629	2.685
18	1.734	2.068	2.253	2.379	2.475	2.552	2.616	2.671
19	1.729	2.061	2.244	2.369	2.464	2.541	2.604	2.658
20	1.725	2.054	2.236	2.361	2.455	2.530	2.593	2.647
21	1.721	2.049	2.229	2.353	2.446	2.521	2.584	2.637
22	1.717	2.043	2.223	2.346	2.439	2.513	2.575	2.628
23	1.714	2.039	2.217	2.339	2.432	2.505	2.567	2.620
24	1.711	2.034	2.212	2.333	2.425	2.499	2.560	2.612
25	1.708	2.030	2.207	2.328	2.419	2.492	2.553	2.605
26	1.706	2.027	2.203	2.323	2.414	2.487	2.547	2.599
27	1.703	2.023	2.199	2.318	2.409	2.481	2.542	2.593
28	1.701	2.020	2.195	2.314	2.404	2.476	2.536	2.588
29	1.699	2.017	2.191	2.310	2.400	2.472	2.532	2.583
30	1.697	2.014	2.188	2.307	2.396	2.468	2.527	2.578

φ_e \ α	2	3	4	5	6	7	8	9
31	1.696	2.012	2.185	2.303	2.392	2.464	2.523	2.573
32	1.694	2.009	2.182	2.300	2.389	2.460	2.519	2.569
33	1.692	2.007	2.179	2.297	2.386	2.456	2.515	2.566
34	1.691	2.005	2.177	2.294	2.382	2.453	2.512	2.562
35	1.690	2.003	2.175	2.291	2.380	2.450	2.509	2.559
36	1.688	2.001	2.172	2.289	2.377	2.447	2.506	2.555
37	1.687	2.000	2.170	2.287	2.374	2.444	2.503	2.552
38	1.686	1.998	2.168	2.284	2.372	2.442	2.500	2.550
39	1.685	1.996	2.166	2.282	2.370	2.439	2.497	2.547
40	1.684	1.995	2.165	2.280	2.367	2.437	2.495	2.544
41	1.683	1.994	2.163	2.278	2.365	2.435	2.493	2.542
42	1.682	1.992	2.161	2.276	2.363	2.433	2.490	2.539
43	1.681	1.991	2.160	2.275	2.361	2.431	2.488	2.537
44	1.680	1.990	2.158	2.273	2.360	2.429	2.486	2.535
45	1.679	1.989	2.157	2.272	2.358	2.427	2.484	2.533
46	1.679	1.987	2.156	2.270	2.356	2.425	2.482	2.531
47	1.678	1.986	2.154	2.269	2.355	2.424	2.481	2.529
48	1.677	1.985	2.153	2.267	2.353	2.422	2.479	2.528
49	1.677	1.984	2.152	2.266	2.352	2.420	2.477	2.526
50	1.676	1.983	2.151	2.265	2.350	2.419	2.476	2.524
60	1.671	1.976	2.142	2.254	2.339	2.407	2.463	2.511
80	1.664	1.966	2.130	2.242	2.325	2.392	2.448	2.495
100	1.660	1.961	2.124	2.234	2.317	2.383	2.438	2.485
120	1.658	1.957	2.119	2.229	2.312	2.378	2.432	2.479
240	1.651	1.948	2.108	2.217	2.298	2.363	2.417	2.463
360	1.649	1.945	2.104	2.212	2.294	2.358	2.412	2.458
∞	1.645	1.938	2.097	2.204	2.285	2.349	2.402	2.447

註：$d'_{0.05}(2, 10, 0.3) = 1.812$, $d'_{0.05}(5, 20, 0.3) = 2.361$, $d'_{0.05}(7, 30, 0.3) = 2.468$。

數表 10 Dunnett 檢定的上邊 5% 點（相關係數 = 0.5 時）

$d'_a\,(\alpha, \varphi_e, \rho)(\alpha = 0.05, \rho = 0.5)$ 之值

φ_e \ α	2	3	4	5	6	7	8	9
2	2.920	3.804	4.335	4.712	5.002	5.237	5.434	5.603
3	2.353	2.938	3.279	3.518	3.701	3.849	3.973	4.079
4	2.132	2.610	2.885	3.076	3.221	3.339	3.437	3.521
5	2.015	2.440	2.681	2.848	2.976	3.078	3.163	3.236
6	1.943	2.337	2.558	2.711	2.827	2.920	2.998	3.064
7	1.895	2.267	2.475	2.619	2.728	2.815	2.888	2.950
8	1.860	2.217	2.416	2.553	2.657	2.740	2.809	2.868
9	1.833	2.180	2.372	2.504	2.604	2.683	2.750	2.807
10	1.812	2.151	2.338	2.466	2.562	2.640	2.704	2.759
11	1.796	2.127	2.310	2.435	2.529	2.605	2.667	2.721
12	1.782	2.108	2.287	2.410	2.502	2.576	2.637	2.690
13	1.771	2.092	2.269	2.389	2.480	2.552	2.613	2.664
14	1.761	2.079	2.253	2.371	2.461	2.532	2.592	2.642
15	1.753	2.067	2.239	2.356	2.444	2.515	2.573	2.623
16	1.746	2.057	2.227	2.343	2.430	2.500	2.558	2.607
17	1.740	2.048	2.217	2.332	2.418	2.487	2.544	2.593
18	1.734	2.040	2.208	2.321	2.407	2.475	2.532	2.580
19	1.729	2.034	2.200	2.312	2.397	2.465	2.521	2.569
20	1.725	2.027	2.192	2.304	2.389	2.456	2.512	2.559
21	1.721	2.022	2.186	2.297	2.381	2.448	2.503	2.550
22	1.717	2.017	2.180	2.291	2.374	2.440	2.495	2.542
23	1.714	2.012	2.175	2.285	2.368	2.434	2.488	2.535
24	1.711	2.008	2.170	2.279	2.362	2.427	2.482	2.528
25	1.708	2.004	2.165	2.274	2.356	2.422	2.476	2.522
26	1.706	2.001	2.161	2.270	2.352	2.417	2.471	2.517
27	1.703	1.997	2.157	2.266	2.347	2.412	2.466	2.511
28	1.701	1.994	2.154	2.262	2.343	2.407	2.461	2.507
29	1.699	1.992	2.150	2.258	2.339	2.403	2.457	2.502
30	1.697	1.989	2.147	2.255	2.335	2.399	2.453	2.498

φ_e ＼ α	2	3	4	5	6	7	8	9
31	1.696	1.987	2.145	2.252	2.332	2.396	2.449	2.494
32	1.694	1.984	2.142	2.249	2.329	2.392	2.445	2.490
33	1.692	1.982	2.139	2.246	2.326	2.389	2.442	2.487
34	1.691	1.980	2.137	2.243	2.323	2.386	2.439	2.484
35	1.690	1.978	2.135	2.241	2.320	2.384	2.436	2.481
36	1.688	1.977	2.133	2.238	2.318	2.381	2.433	2.478
37	1.687	1.975	2.131	2.236	2.315	2.378	2.431	2.475
38	1.686	1.973	2.129	2.234	2.313	2.376	2.428	2.473
39	1.685	1.972	2.127	2.232	2.311	2.374	2.426	2.470
40	1.684	1.970	2.125	2.230	2.309	2.372	2.424	2.468
41	1.683	1.969	2.124	2.229	2.307	2.370	2.422	2.466
42	1.682	1.968	2.122	2.227	2.305	2.368	2.420	2.464
43	1.681	1.967	2.121	2.225	2.304	2.366	2.418	2.462
44	1.680	1.965	2.120	2.224	2.302	2.364	2.416	2.460
45	1.679	1.964	2.118	2.222	2.301	2.363	2.414	2.458
46	1.679	1.963	2.117	2.221	2.299	2.361	2.413	2.456
47	1.678	1.962	2.116	2.220	2.298	2.360	2.411	2.455
48	1.677	1.961	2.115	2.218	2.296	2.358	2.410	2.453
49	1.677	1.960	2.114	2.217	2.295	2.357	2.408	2.452
50	1.676	1.959	2.112	2.216	2.294	2.356	2.407	2.450
60	1.671	1.952	2.104	2.207	2.284	2.345	2.395	2.439
80	1.664	1.943	2.093	2.195	2.271	2.331	2.381	2.424
100	1.660	1.938	2.087	2.188	2.263	2.324	2.373	2.415
120	1.658	1.934	2.083	2.183	2.258	2.318	2.368	2.410
240	1.651	1.925	2.072	2.172	2.246	2.305	2.354	2.396
360	1.649	1.922	2.069	2.168	2.242	2.301	2.349	2.391
∞	1.645	1.916	2.062	2.160	2.234	2.292	2.340	2.381

註：$d'_{0.05}(2, 10, 0.5) = 1.812$, $d'_{0.05}(5, 20, 0.5) = 2.304$, $d'_{0.05}(7, 30, 0.5) = 2.399$。

數表 10　Dunnett 檢定的上邊 5% 點（相關係數 = 0.7 時）

$d'_\alpha (\alpha, \varphi_e, \rho)(\alpha = 0.05, \rho = 0.7)$ 之值

φ_e \ α	2	3	4	5	6	7	8	9
2	2.920	3.632	4.041	4.325	4.541	4.715	4.860	4.983
3	2.353	2.832	3.101	3.286	3.426	3.539	3.632	3.711
4	2.132	2.528	2.747	2.897	3.010	3.101	3.176	3.240
5	2.015	2.369	2.564	2.696	2.796	2.876	2.942	2.998
6	1.943	2.272	2.452	2.574	2.666	2.740	2.800	2.852
7	1.895	2.207	2.377	2.493	2.579	2.648	2.706	2.754
8	1.860	2.160	2.324	2.434	2.517	2.583	2.638	2.684
9	1.833	2.125	2.283	2.390	2.470	2.534	2.587	2.632
10	1.812	2.098	2.252	2.356	2.434	2.496	2.547	2.591
11	1.796	2.076	2.227	2.329	2.405	2.466	2.516	2.558
12	1.782	2.058	2.206	2.306	2.381	2.441	2.490	2.532
13	1.771	2.043	2.189	2.288	2.361	2.420	2.468	2.510
14	1.761	2.030	2.175	2.272	2.345	2.403	2.450	2.491
15	1.753	2.019	2.162	2.258	2.330	2.387	2.435	2.475
16	1.746	2.010	2.151	2.247	2.318	2.374	2.421	2.461
17	1.740	2.001	2.142	2.236	2.307	2.363	2.409	2.449
18	1.734	1.994	2.134	2.227	2.297	2.353	2.399	2.438
19	1.729	1.988	2.126	2.219	2.289	2.344	2.390	2.428
20	1.725	1.982	2.120	2.212	2.281	2.336	2.381	2.420
21	1.721	1.977	2.144	2.206	2.274	2.329	2.374	2.412
22	1.717	1.972	2.108	2.200	2.268	2.322	2.367	2.405
23	1.714	1.968	2.103	2.195	2.263	2.316	2.361	2.399
24	1.711	1.964	2.099	2.190	2.257	2.311	2.355	2.393
25	1.708	1.960	2.095	2.185	2.253	2.306	2.350	2.388
26	1.706	1.957	2.091	2.181	2.248	2.302	2.346	2.383
27	1.7093	1.954	2.088	2.177	2.244	2.297	2.341	2.378
28	1.701	1.951	2.084	2.174	2.241	2.294	2.337	2.374
29	1.699	1.948	2.081	2.171	2.237	2.290	2.333	2.370
30	1.697	1.946	2.078	2.168	2.234	2.287	2.330	2.367

α / φ_e	2	3	4	5	6	7	8	9
31	1.696	1.944	2.076	2.165	2.231	2.283	2.327	2.363
32	1.694	1.941	2.073	2.162	2.228	2.280	2.324	2.360
33	1.692	1.939	2.071	2.160	2.226	2.278	2.321	2.357
34	1.691	1.938	2.069	2.157	2.223	2.275	2.318	2.355
35	1.690	1.936	2.067	2.155	2.221	2.273	2.316	2.352
36	1.688	1.934	2.065	2.153	2.219	2.270	2.313	2.350
37	1.687	1.933	2.063	2.151	2.216	2.268	2.311	2.347
38	1.686	1.931	2.062	2.149	2.215	2.266	2.309	2.345
39	1.685	1.930	2.060	2.147	2.213	2.264	2.307	2.343
40	1.684	1.928	2.058	2.146	2.211	2.262	2.305	2.341
41	1.683	1.927	2.057	2.144	2.209	2.261	2.303	2.339
42	1.682	1.926	2.056	2.143	2.208	2.259	2.301	2.337
43	1.681	1.925	2.054	2.141	2.206	2.257	2.300	2.336
44	1.680	1.923	2.053	2.140	2.205	2.256	2.298	2.334
45	1.679	1.922	2.052	2.139	2.203	2.255	2.297	2.333
46	1.679	1.921	2.051	2.137	2.202	2.253	2.295	2.331
47	1.678	1.920	2.050	2.136	2.201	2.252	2.294	2.330
48	1.677	1.920	2.049	2.135	2.200	2.251	2.293	2.328
49	1.677	1.919	2.048	2.134	2.198	2.249	2.291	2.327
50	1.676	1.918	2.047	2.133	2.197	2.248	2.290	2.326
60	1.671	1.911	2.039	2.124	2.188	2.239	2.280	2.316
80	1.664	1.902	2.029	2.114	2.177	2.227	2.268	2.303
100	1.660	1.897	2.023	2.108	2.171	2.220	2.261	2.296
120	1.658	1.894	2.020	2.104	2.166	2.216	2.256	2.291
240	1.651	1.886	2.010	2.093	2.155	2.204	2.245	2.2179
360	1.649	1.883	2.007	2.090	2.152	2.200	2.241	2.275
∞	1.645	1.877	2.001	2.083	2.144	2.193	2.233	2.267

註：$d'_{0.05}(2, 10, 0.7) = 1.812$, $d'_{0.05}(5, 20, 0.7) = 2.212$, $d'_{0.05}(7, 30, 0.7) = 2.287$。

數表 10　Dunnett 檢定的上邊 5% 點（相關係數 = 0.9 時）

$d'_a(\alpha, \varphi_e, \rho)(\alpha = 0.05, \rho = 0.9)$ 之值

φ_e \ α	2	3	4	5	6	7	8	9
2	2.920	3.353	3.587	3.745	3.863	3.957	4.034	4.100
3	2.353	2.651	2.810	2.917	2.996	3.059	3.111	3.155
4	2.132	2.381	2.513	2.601	2.667	2.719	2.761	2.798
5	2.015	2.240	2.358	2.437	2.496	2.542	2.580	2.613
6	1.943	2.153	2.263	2.337	2.392	2.435	2.470	2.500
7	1.895	2.095	2.200	2.270	2.321	2.362	2.396	2.424
8	1.860	2.053	2.154	2.221	2.271	2.310	2.343	2.370
9	1.833	2.021	2.120	2.185	2.233	2.271	2.303	2.329
10	1.812	1.997	2.093	2.157	2.204	2.241	2.272	2.298
11	1.796	1.977	2.071	2.134	2.180	2.217	2.247	2.272
12	1.782	1.961	2.054	2.115	2.161	2.197	2.226	2.251
13	1.771	1.947	2.039	2.100	2.145	2.180	2.209	2.234
14	1.761	1.936	2.026	2.087	2.131	2.166	2.195	2.219
15	1.753	1.926	2.016	2.075	2.120	2.154	2.183	2.207
16	1.746	1.917	2.007	2.066	2.109	2.144	2.172	2.196
17	1.740	1.910	1.998	2.057	2.100	2.135	2.163	2.186
18	1.734	1.903	1.991	2.050	2.093	2.127	2.154	2.178
19	1.729	1.897	1.985	2.043	2.086	2.119	2.147	2.170
20	1.725	1.892	1.979	2.037	2.079	2.113	2.141	2.164
21	1.721	1.887	1.974	2.031	2.074	2.107	2.135	2.158
22	1.717	1.883	1.969	2.027	2.069	2.102	2.129	2.152
23	1.714	1.879	1.965	2.022	2.064	2.097	2.124	2.147
24	1.711	1.876	1.961	2.018	2.060	2.093	2.120	2.143
25	1.708	1.873	1.958	2.014	2.056	2.089	2.116	2.139
26	1.706	1.870	1.955	2.011	2.053	2.085	2.112	2.135
27	1.7093	1.867	1.952	2.008	2.049	2.082	2.109	2.131
28	1.701	1.864	1.949	2.005	2.046	2.079	2.106	2.128
29	1.699	1.862	1.946	2.002	2.043	2.076	2.103	2.125
30	1.697	1.860	1.944	2.000	2.041	2.073	2.100	2.122

φ_e \\ α	2	3	4	5	6	7	8	9
31	1.696	1.857	1.942	1.997	2.038	2.071	2.097	2.120
32	1.694	1.856	1.940	1.995	2.036	2.068	2.095	2.117
33	1.692	1.854	1.938	1.993	2.034	2.066	2.093	2.115
34	1.691	1.852	1.936	1.991	2.032	2.064	2.090	2.113
35	1.690	1.850	1.934	1.989	2.030	2.062	2.088	2.111
36	1.688	1.849	1.932	1.987	2.028	2.060	2.087	2.109
37	1.687	1.848	1.931	1.986	2.027	2.059	2.085	2.107
38	1.686	1.846	1.929	1.984	2.025	2.057	2.083	2.105
39	1.685	1.845	1.928	1.983	2.023	2.055	2.081	2.104
40	1.684	1.844	1.927	1.981	2.022	2.054	2.080	2.102
41	1.683	1.843	1.925	1.980	2.021	2.052	2.079	2.101
42	1.682	1.841	1.925	1.979	2.019	2.051	2.077	2.099
43	1.681	1.840	1.923	1.978	2.018	2.050	2.076	2.098
44	1.680	1.839	1.922	1.977	2.017	2.049	2.075	2.097
45	1.679	1.838	1.921	1.976	2.016	2.047	2.073	2.095
46	1.679	1.838	1.920	1.974	2.015	2.046	2.072	2.094
47	1.678	1.837	1.919	1.973	2.014	2.045	2.071	2.093
48	1.677	1.836	1.918	1.973	2.013	2.044	2.070	2.092
49	1.677	1.835	1.917	1.972	2.012	2.043	2.069	2.091
50	1.676	1.834	1.916	1.972	2.011	2.042	2.068	2.090
60	1.671	1.828	1.910	1.964	2.003	2.035	2.060	2.082
80	1.664	1.820	1.901	1.955	1.994	2.025	2.051	2.072
100	1.660	1.816	1.896	1.950	1.989	2.020	2.045	2.066
120	1.658	1.813	1.893	1.946	1.985	2.016	2.041	2.063
240	1.651	1.805	1.885	1.937	1.976	2.007	2.032	2.053
360	1.649	1.803	1.882	1.935	1.973	2.004	2.029	2.050
∞	1.645	1.798	1.877	1.929	1.967	1.998	2.022	2.043

註：$d'_{0.05}(2, 10, 0.9) = 1.812$, $d'_{0.05}(2, 20, 0.9) = 2.037$, $d'_{0.05}(7, 30, 0.9) = 2.037$。

參考文獻

1. 內田治，『EXCEL による統計解析』，東京図書株式会社，2006
2. 內田治，『すぐわかる EXCEL による実験データ解析』，東京図書株式会社，2000
3. 石村貞夫、石村光資郎，『入門初めての分散分析と多重比較』，東京図書株式会社，2008
4. 廣津千尋，『分散分析』，新曜社，1976
5. 芝祐順等編，『統計用語辞典』，新曜社，1984
6. 田中 豊，『実験計画法入門』，現代数学社，1985
7. 田中 豊，『統計解析』III，『実験計画法編』V，共立出版，1986
8. 田中玄一，『実験計画法』上・下，丸善，1976
9. O. J. Dunn、V.A.Clark，『応用統計学』，森北出版，1975
10. 竹内 啟，『確率分布と統計解析』，日本規格協会，1975
11. 石井吾郎，『実験計画法の基礎』，サイエンス社，1972
12. 柳川 堯，『ノンパラメトリック法』，培風館，1982

國家圖書館出版品預行編目資料

圖解實驗數據分析／陳耀茂作. ──初
　版.──臺北市：五南圖書出版股份有限公
　司, 2022.10
　面；　公分
　ISBN 978-626-317-961-5（平裝）

1.CST: 實驗數據分析

511.2　　　　　　　　　　111009300

5BL2

圖解實驗數據分析

作　　　者 ─ 陳耀茂（270）

發 行 人 ─ 楊榮川

總 經 理 ─ 楊士清

總 編 輯 ─ 楊秀麗

副總編輯 ─ 王正華

責任編輯 ─ 張維文

封面設計 ─ 姚孝慈

出 版 者 ─ 五南圖書出版股份有限公司

地　　　址：106台北市大安區和平東路二段339號4樓

電　　　話：(02)2705-5066　　傳　　　真：(02)2706-6100

網　　　址：https://www.wunan.com.tw

電子郵件：wunan@wunan.com.tw

劃撥帳號：01068953

戶　　　名：五南圖書出版股份有限公司

法律顧問　林勝安律師事務所　林勝安律師

出版日期　2022年10月初版一刷

定　　　價　新臺幣350元

經典永恆·名著常在
◈
五十週年的獻禮——經典名著文庫

五南，五十年了，半個世紀，人生旅程的一大半，走過來了。
思索著，邁向百年的未來歷程，能為知識界、文化學術界作些什麼？
在速食文化的生態下，有什麼值得讓人雋永品味的？

歷代經典·當今名著，經過時間的洗禮，千錘百鍊，流傳至今，光芒耀人；
不僅使我們能領悟前人的智慧，同時也增深加廣我們思考的深度與視野。
我們決心投入巨資，有計畫的系統梳選，成立「經典名著文庫」，
希望收入古今中外思想性的、充滿睿智與獨見的經典、名著。
這是一項理想性的、永續性的巨大出版工程。
不在意讀者的眾寡，只考慮它的學術價值，力求完整展現先哲思想的軌跡；
為知識界開啟一片智慧之窗，營造一座百花綻放的世界文明公園，
任君遨遊、取菁吸蜜、嘉惠學子！